INTERMEDIATE RUSSIAN:
A GRAMMAR AND WORKBOOK

Intermediate Russian: A Grammar and Workbook comprises an accessible and practical grammar with related exercises in a single volume.

Using a wide variety of texts from Russian sources, *Intermediate Russian* enables students to gain an insight into contemporary Russian society and culture whilst strengthening their fluency in the language. Its 18 units present a broad range of grammatical topics, illustrated by examples which serve as models for the wide-ranging and varied exercises that follow. These exercises enable the student to master the relevant grammar points.

Features include:

- tests and exercises reflecting contemporary spoken Russian
- concise grammatical explanations
- full key to the exercises
- detailed index

Intermediate Russian, like its sister volume, *Basic Russian*, is ideal for both independent study and use in class. The two books comprise a compendium of the essentials of Russian grammar.

John Murray and **Sarah Smyth** are Lecturers in Russian at Trinity College, Dublin.

Titles of related interest published by Routledge

Basic Russian: A Grammar and Workbook
by John Murray and Sarah Smyth

Colloquial Russian: The Complete Course for Beginners
by Svetlana Le Fleming and Susan E. Kay

Russian Learners' Dictionary
by Nicholas Brown

INTERMEDIATE RUSSIAN:
A GRAMMAR AND
WORKBOOK

John Murray and Sarah Smyth

Routledge
Taylor & Francis Group

LONDON AND NEW YORK

First published 2001
by Routledge
2 Park Square, Milton Park, Abingdon, Oxon OX14 4RN

Simultaneously published in the USA and Canada
by Routledge
270 Madison Ave, New York NY 10016

Reprinted 2002

Transferred to Digital Printing 2009

Routledge is an imprint of Taylor & Francis Group, an informa business

© 2001 John Murray and Sarah Smyth

Typeset in Times by RefineCatch Limited, Bungay, Suffolk
Printed and bound in Great Britain by
TJI Digital, Padstow, Cornwall

British Library Cataloguing in Publication Data
A catalogue record for this book is available from the British Library

Library of Congress Cataloging in Publication Data
Murray, John (John Damian)
    Intermediate Russian: a grammar and workbook / John Murray & Sarah Smyth.
       p.   cm.
       1. Russian language—Grammar—Problems, exercises, etc.   2. Russian
    language—Textbooks for foreign speakers—English.   I. Smyth, Sarah.   II. Title.
PG2112.M874 2000
491.782′421—dc21   00–031058

ISBN 10: 0-415-22102-1 (hbk)
ISBN 10: 0-415-22103-X (pbk)

ISBN 13: 978-0-415-22102-3 (hbk)
ISBN 13: 978-0-415-22103-0 (pbk)

To Stanford and Francesca

CONTENTS

Describing

INTRODUCTION

This grammar and workbook is intended for learners of Russian at an intermediate stage or for those who want to refresh their knowledge of the grammar. It is suited for people studying on their own and for those participating in language courses. *Intermediate Russian* is not intended to replace a course book or indeed a reference grammar, but to be an additional resource for teachers and learners. The focus of this book is to provide scope for practising and consolidating Russian structures.

Intermediate Russian is divided into three parts, each of which is made up of six units containing concise explanations of grammatical points which are illustrated and then tested in exercises. Alongside sentence-length exercises, which focus on particular grammatical points, all units contain at least one extended passage, enabling the student to engage with continuous text taken from a variety of genres.

The main focus in Part 1 is on the norms of social interaction. The sample texts have been selected to illustrate the norms of interaction between various groups of people in both written and spoken discourse. The units in this part are structured according to functional principles, that is to say according to the uses to which language can be put. Each of the six units in this part looks at aspects of the following:

- establishing and maintaining a relationship with your speaker
- politeness formulae and appropriacy
- seeking and giving information/advice
- offering to do things
- expressing wishes and desires.

In Part 2 we look at various genres of narratives: diary entries, memoirs, anecdotes, biographies, news reports. The main focus in this part is on the structuring of narratives, i.e. the telling of stories. The texts have been selected to illustrate differing degrees of formality and differing relationships between the author, the events narrated and the readership. Each of the six units in this part looks at aspects of the following:

- the sequencing of events: aspects, adverbs, adverbial phrases, adverbial clauses, co-ordination
- verbs of motion: prefixed and unprefixed; adverbials of place after verbs of motion
- word order: the positioning of adverbial phrases and clauses
- punctuation between clauses
- expressing cause and purpose
- establishing and maintaining a relationship with one's audience.

In Part 3 we look at various ways of describing objects, people and events. Whereas in the previous part the focus was on narrative – which presupposes change and a certain dynamism – in this part the focus is both on the linguistic means available in Russian for conveying the static and on the features which characterise (as in a still) the participants and their environment. The units in this part are structured according to syntactic categories, and each unit looks at the various parts of speech used to describe objects, people or events. Each of the six units looks at aspects of the following:

- the use of noun phrases: compound nouns, numerals and nouns, prepositional phrases
- the use of adjectives: degree, predicative and attributive adjectives
- the use of verbal forms: participles, gerunds, aspects, impersonal constructions, negation.

In reading the extended texts and doing the exercises that follow, students will not only consolidate their knowledge of grammatical structures, but also develop their vocabulary in a wide variety of areas related to Russian life. The material used in both explanations and exercises is taken largely from contemporary Russian publications and literature. The answers to all exercises are provided in the key.

While the areas of language covered in each section overlap to some extent, it will be seen that each deals with the grammatical, functional and discourse characteristics of the particular text types in question. Cross-references are supplied where appropriate, both within *Intermediate Russian* and to *Basic Russian*.

Learners at both intermediate and advanced level will find *Intermediate Russian* beneficial for reference and revision.

ACKNOWLEDGEMENTS

Gratitude is due to Irina Mogilina for her careful proof-reading and helpful comments. Thanks are due to Caroline Brooks, Alison Cowie, Aoife Doherty, Annest John, Charlotte Lary, Sarah Marcus, Maeve Moore, David Murphy, Linda Murray, Brid Higgins Ní Chinneide, Deirdre Nic Ruairi and Kieran O'Reilly, all former or current students of Russian, who between them read and commented on the manuscript. Thanks also to current students who piloted the exercises and provided useful feedback.

For generous permission to use material from their publications, we are extremely grateful to 'Druzhba narodov', 'Moskovskie novosti', 'Nezavisimaya gazeta', 'Ogonek' and 'Ptyuch'.

We are most grateful to the editorial and production teams at Routledge for their encouragement and support. We accept full responsibility for the errors and infelicities that no doubt remain.

John Murray and Sarah Smyth
Trinity College, Dublin

SOURCES

PERIODICAL PUBLICATIONS

«Дружба народов»
«Московские новости»
«Независимая газета»
«Огонёк»
«Птюч»

Dictionaries

Denisov P.N. and Morkovkin V.V. (eds), *Учебный словарь сочетаемости слов русского языка*, «Русский язык», Moscow, 1978

Lopatin V.V. and Lopatina L.E., *Русский толковый словарь*, «Русский язык», Moscow, 1998

Mel'ts M.Ya., Mitrofanova V.V. and Shapovalova G.G., *Пословицы поговорки загадки*, «Академия наук СССР», Moscow/Leningrad, 1961

Rozanova V.V. (ed.), *Краткий толковый словарь русского языка*, «Русский язык», Moscow, 1988

Shanskiy N.M. (ed.), *4000 наиболее употребительных слов русского языка*, «Русский язык», Moscow, 1978

Wheeler Marcus, *The Oxford Russian–English Dictionary*, Clarendon Press, Oxford, 1972, 2nd edn 1984

Zolotova G.A., *Синтактический словарь*, «Наука», Moscow, 1988

Grammars

Borras F.M. and Christian R.F., *Russian Syntax*, 2nd edition, Clarendon Press, Oxford, 1979

Pulkina I. and Zakhava-Nekrasova E., *Russian*, translated from the Russian by V. Koroty, 2nd edn, «Русский язык», Moscow, (no date)

Unbegaun B.O., *Russian Grammar*, Clarendon Press, Oxford, 1957

Wade Terence, *A Comprehensive Russian Grammar*, Blackwell, Oxford, 1992

Course books

Akushina A.A. and Formanskaya N.I., *Русский речевой этикет*, 3rd edn, «Русский язык», Moscow, 1982

Akushina A.A. and Formanskaya N.I., *Этикет русского письма*, 3rd edn, «Русский язык», Moscow, 1986

LIST OF ABBREVIATIONS

LIST OF ENGLISH-LANGUAGE ABBREVIATIONS

acc.	accusative case		n.	neuter
dat.	dative case		nom.	nominative case
f.	feminine		p.	person
gen.	genitive case		pf.	perfective aspect
impf.	imperfective aspect		pl.	plural
inst.	instrumental case		prep.	prepositional case
m.	masculine		sg.	singular

LIST OF ABBREVIATIONS OF PERIODICAL PUBLICATIONS AND AUTHORS' NAMES

Periodical publications

ДН	«Дружба народов»		О	«Огонёк»
МН	«Московские новости»		Пт.	«Птюч»
НГ	«Независимая газета»			

Authors' names

Кв.	Валериан Квачадзе		Сем.	Пётр Петрович Семёнов-Тян-Шанский
Окуд.	Булат Окуджава			
Поз.	Владимир Познер		Сл.	Алексей Слаповский
Сад.	Екатерина Садур		Триф.	Юрий Трифонов
			Хург.	Александр Хургин

UNIT ONE
Naming, greeting and congratulating

NAMING

There are a number of ways to address a person in Russian, each of which depends on the relationship between the people concerned:

First name

Includes the following forms:

- Diminutive form (**Витя, Володя, Катя, Серёжа, Оля,** . . .) is used to address children and friends (from one's peer group). One would also use the pronoun **ты** with these groups of people.

- Long form (**Виталий, Владимир, Екатерина, Сергей, Ольга,** . . .) is rarely used and is one way in which foreigners can be identified.

- Long form and patronymic (**Виталий Максимович, Владимир Петрович, Екатерина Михайловна,** . . .) is used by younger people to address older or senior people whom they do not know very well or with whom they are on formal terms. It is normal for the older person to decide when it is appropriate to change how the younger person addresses them. It is not unusual for the older person to address the younger person by the first name only. The first name and patronymic is also used between adults who do not know one another well or who wish to remain on formal terms. When addressing someone by his or her first name and patronymic, the pronoun **Вы** is used.

Surname only

(**Сидоров, Мартынов, Образцова,** . . .) Restricted to special areas such as education, where a teacher or lecturer might address a student in this manner. In post-primary and higher education it is usual in such cases for the pronoun **Вы** to be used. Officers may also address subordinates (privates) by their patronymic only using the familiar **ты** pronoun. Occasionally close friends or colleagues address one another using either only the surname or only the patronymic form.

Addressing groups

The following forms of address are common:

- to a group of peers:

  ребята   frequently used among the young

- to colleagues:

  дорогие коллеги!   'Dear colleagues!'

- to a group in a friendly manner:

  дорогие друзья!   'Dear friends!'

- to a group in a formal manner:

  Дамы и господа!   'Ladies and gentlemen'

Exercise 1

Insert the most appropriate addressees from the following list.

Валентина Евгеньевна, гости, друзья, Иванов, коллеги, мальчик, Нина, Сергей Петрович

1   __, ты уже завтракала?
2   __, идите к доске и напишите решение задачи.
3   __, вы сейчас свободны?
4   __, ты новенький? Как тебя зовут?
5   Вот, дорогие __, наш новый преподаватель французского языка.
6   Уважаемые __, добро пожаловать!
7   Дорогие __, давайте поднимем тост за гостей!
8   __! Вам письмо от жены.

Addressing strangers

When addressing strangers, the following forms are common:

- a young man (in a cafe, restaurant, on the street): **молодой человек**
- a young woman (in a cafe, restaurant, on the street): **девушка**
- a young boy: **мальчик**
- a young girl: **девочка**

- a man or woman whose status or function is known: **господин/госпожа** + their function:

Господин премьер-министр	'Prime Minister'
Госпожа посол	'(Madam) Ambassador'

Exercise 2

Identify where each of the exchanges might take place by matching the numbers in each column.

1   Молодой человек, где тут касса?   i   на улице
2   Девушка, разрешите пройти.   ii   на приёме
3   Молодой человек, где тут рынок?   iii в транспорте
4   Господин посол, разрешите представиться.   iv   в классе
    Иванов Сергей Иванович.
5   Мальчик, ты новенький? Как тебя зовут?   v   на собрании
6   Разрешите мне не согласиться с Вами,   vi   в магазине
    госпожа Министр.

Polite formulae

Examples such as:

Скажите, пожалуйста, . . .	'Could you tell me, please, . . .'; or
Извините, . . .	'Excuse me, . . .'

are often used without any attempt to name the person one is addressing, such as when asking directions on the street.

Exercise 3

Identify where each of the requests might take place by matching the numbers in each column.

1   Скажите, пожалуйста, где   i   в ресторане
    ближайшее метро?
2   Покажите, пожалуйста,   ii   в институте
    паспорт.
3   Дайте мне двести грамм   iii на улице
    колбасы.
4   Скажите, пожалуйста, где   iv   в проходной общежития
    столовая?
5   Покажите, пожалуйста, ваш   v   в аэропорту
    пропуск!
6   Дайте, пожалуйста, счёт.   vi   в продуктовом магазине

Reference to a third party

Two people speaking about a person with whom they were both on familiar terms would normally use the diminutive form of that person's name: **Наташа сказала, что будет** ('Natasha said she would be here').

Likely forms used to refer to someone with whom both speakers had a formal relationship would be:

- deferential use of the name and patronymic:

  Михаил Петрович заболел.   'Mikhail Petrovich is ill.'

- jocularly disrespectful use of the surname/patronymic only:

  Головкин/Петрович заболел.   'Golovkin/Petrovich is ill.'

- jocular use of the diminutive form of the first name:

  Миша заболел.   'Misha's sick.'

In the newspaper interview with Naina Yeltsina (see Unit 4), the absent Boris Yeltsin is referred to as **Борис Николаевич**, both by the interviewer, who is not personally acquainted with him, and by the then president's wife:

Жчрналчст: А кто книжник —   'And who's the book worm,
Вы или Борис Николаевич?   you or Boris Nikolaevich?'
Наина Ельзина: Книжник —   'Boris Nikolaevich is the
Борис Николаевич.   book worm.'

When referring to a third person in a title, such as a newspaper headline, it is normal to use the name and surname only, such as in the headline to the Naina Yeltsina interview: **Обозреватель «Эха Москвы» Андрей Черкизов беседовал с Наиной Ельциной** (' "Echo of Moscow" commentator Andrey Cherkizov interviews Naina Yeltsina'). Use of the surname only is also common: **Уроки Примакова** ('Primakov's Lessons').

Exercise 4

Match the beginning and end of the following newspaper headlines.

1 Последний президент России?   i   Сталина с Гитлером
2 МиГ —   ii   променяла свой талант?
3 Как готовили встречу   iii Отвечает врач Александра
                                          Андреева
4 На что Лариса Долина   iv   до Герострата
5 Есть ли какие-то эффективные   v   Не исключено, что им станет
   успокоительные препараты?   сам Ельцин
6 От Гомера   vi   убийца Гагарина

Declension of names

First names and patronymics are declined like normal nouns:

	Masculine	*Feminine*
Nom.	Михаил Петрович	Нина Андреевна
Dat.	Михаилу Петровичу	Нине Андреевне

Masculine last names ending in **-ов, -ев** or **-ин** are declined like masculine nouns, except for the instrumental singular, which has the adjectival ending **-ым**: nom. **Путин**, inst. **Путиным**.

Feminine last names ending in **-ова, -ева** or **-ина** are declined as follows: nom. **Каренина**, acc. **Каренину**, gen., dat., inst., prep. **Карениной**.

Last names ending in **-ий** or **-ой** are declined like adjectives:

книга о Толстом	'a book about Tolstoy'
статья о Татьяне Толстой	'an article about Tat'yana Tolstaya'
романы Достоевского	'the novels of Dostoevsky'

Exercise 5

In the Soviet period, many streets were renamed after revered figures according to the pattern '**Улица** + last name in genitive case':

Улица Горького   'Gorky Street'

Many such names have since reverted to their pre-1917 forms. Complete the following sentences, which include examples of these name changes, by putting the words in brackets in the appropriate case.

1 Раньше называлась «улица (Горький)», а теперь называется «Тверская улица».
2 Раньше называлась «улица (Белинский)», а теперь называется «Никитский переулок».
3 Раньше называлась «площадь (Куйбышев)», а теперь называется «Биржевая площадь».
4 Раньше называлась «улица (Киров)», а теперь называется «Мясницкая улица».
5 Раньше называлась «улица (Чернышевский)», а теперь называется «улица Покровка».
6 Раньше называлась «набережная (Максим Горький)», а теперь называется «Космодамианская набережная».

Имя, имени

To say that some public place is named after someone or something, the place is followed by **имени** (gen. sg. of **имя** ('name')):

Театр имени Пушкина   'The Pushkin Theatre'

Имени is frequently shortened to **им.**: **Театр им. Пушкина**.

Exercise 6

Test your knowledge of public places in Moscow by matching the columns.

1	Московский государственный университет	i	имени Образцова
2	Государственный театр кукол	ii	имени Пушкина (ГМИИ)
3	Парк культуры и отдыха	iii	имени Москвы
4	Государственный музей изобразительных искусств	iv	имени Горького
5	Канал	v	имени Ленина
6	Центральный стадион	vi	имени Моссовета
7	Государственный академический театр	vii	имени М.В. Ломоносова

Имя, от имени

To say that one is speaking on behalf of someone else, use the expression **от имени** (gen. sg. of **имя**) followed by the name of the person or people in the gen. case:

Я выступаю от имени всех коллег.   'I am speaking on behalf of all my colleagues.'

Exercise 7

Match the contents of both columns, putting the names in brackets into the appropriate case.

1	Кажется, тут ничего не изменилось со времён Советской власти.	i	Это знаменитая Гнесинка, детские музыкальные школы имени (Стасов) и имени (Дунаевский) и многие другие.

2 Петрушевская, Людмила Стефановна, прозаик, драматург, . . .

ii . . . В её репертуаре песни и романсы М.П. (Мусоргский), П.И. (Чайковский), Д.Д. (Шостакович) и др.

3 Константин Аркадьевич Райкин окончил Театральное училище им. (Щукин).

iii . . . С 1965 года играет на сцене Московского драматического театра им. (Пушкин) . . . — роль (Катерина) в фильме «Москва слезам не верит».

4 Алентова, Вера Валентиновна, актриса театра и кино, . . .

iv Колхоз имени (Калинин) так и остался колхозом имени (Калинин).

5 В нём примут участие вузы, которые учат будущих импровизаторов.

v . . . автор пьес: «Уроки музыки» — спектакль поставлен в Московском театре им. (Вл. Маяковский) в 1988 г., «Любовь» — спектакль поставлен на малой сцене Московского театра им. М.Н. (Ермолова) . . .

6 Вишневская, Галина Павловна, певица . . .

vi . . . с декабря 1992 г. — художественный руководитель Государственного театра «Сатирикон» им. А.И. (Райкин).

FUNCTIONS: GREETINGS AND CONGRATULATING

Greetings

The most usual form of greeting has two forms, the plural–formal **Здравствуйте!** and the singular–informal **Здравствуй!**

The expressions **Доброе утро!**, **Добрый день!** and **Добрый вечер!** are used in the morning, afternoon and evening respectively, although less often than their English equivalents. The greeting **Привет!** ('hi') is less formal than **Здравствуй!** and normal among young people.

When written, these – and similar forms of address – are concluded with an exclamation mark. Where the person addressed is also named, the greeting and name are separated by a comma: **Привет, Юра!**

Immediately after greeting someone it is normal to enquire how they are. The following forms of enquiry are common:

Formal	Informal
Как вы поживаете?	Как жизнь?
Как вы себя чувствуете?	Как дела?
Как вы живёте?	Что нового?
Как идут ваши дела?	Что новенького?
Как ваши дела?	

Exercise 8

Study the form of greeting and decide which of the subsequent statements and questions are most suitable:

1 Здравствуйте, Юрий Сергеевич!
   - а Давно тебя не видел.
   - б Давно вас не видел. Как вы живёте?
   - в Как жизнь?

2 Привет, Юра!
   - а Что нового?
   - б Как идут ваши дела?

3 Здравствуйте, Марья Ивановна!
   - а Как здоровье?
   - б Как вы себя чувствуете?

4 Господин Президент!
   - а Приветствую вас от имени Бориса Николаевича.
   - б Большой привет от Бориса Николаевича.

5 Маша!
   - а Разрешите вас поприветствовать!
   - б Здравствуй! Сто лет тебя не видел. Ну что слышно?
   - в Давно вас не видел. Как вы поживаете?

6 Здравствуй, старик!
   - а Ну как успехи?
   - б Как ваши дела?

Exercise 9

Decide which form of greeting is most appropriate by studying the statements and questions that follow.

1 а Здравствуйте!   Что новенького?
   б Привет!

2 а Здравствуй!   Экзамен сдал?
   б Здравствуйте!

3 а Доброе утро!   Давай поиграем в куклы!
   б Привет!

4	a	Добрый день!	Разрешите вас приветствовать от
	б	Здравствуйте!	имени премьер-министра.
5	a	Привет!	Очень рада познакомиться с вами.
	б	Здравствуйте!	
6	a	Привет!	Ну что, пойдём в кафе?
	б	Добрый вечер!	

Congratulating

When people are parting on the eve of a holiday it is normal to refer to the impending festivities using the expression **С наступающим праздником!** This form of well-wishing is also used when two people meet. The use of the preposition **с** (+ inst.) is derived from a construction **поздравлять/ поздравить кого с** + inst. ('to congratulate someone on some occasion'):

Поздравляю с днём рождения!   'I wish you a happy birthday.'

As in English the form of well-wishing which includes the explicit reference 'I wish' is very formal. The 'I wish' is usually omitted:

С днём рождения!   'Happy birthday'

(For the expression of well-wishing, **желать (кому, чего)**, see *Basic Russian*, Unit 15.)

Exercise 10

Turn the following phrases into greetings on a special day.

Model: праздник → С праздником!

1 день рождения
2 новоселье
3 Новый год
4 окончание школы
5 рождение ребёнка
6 Рождество
7 серебряная свадьба

Exercise 11

Match the greetings above with the following situations.

a a birthday
b Christmas
c finishing school
d house warming

e   New Year
f   silver wedding anniversary
g   the birth of a child

Exercise 12

Complete the unfinished words in the following extracts. The number of dashes indicates the number of letters which have been omitted.

1   Мне хочется поздравить В__ с наступающ__ Нов__ год__ и
    пожелать вс___ сам___ наилучшего: успех_, радост_, счаст__,
    здоров__ — В__ и Ваш__ близк__.
2   Дорогой Исаак Осипович! Позвольте, хотя с некоторым
    опозданием, поздрав___ Вас с велик__, вполне заслуженной
    наград__ — званием Сталинск___ лауреата.
3   Вы совсем забыли обо м__ и не пиш___ почти цел__ год. Даже с
    Нов__ год__ на этот раз Вы ме__ не поздрав___.
4   Стар__ год совсем кончается, и ты, друг мой мамаша, вероятно, уже
    получ___ то письмо, в котором я поздравл__ те__ и вс__ с
    наступающ__ нов__.
5   Земля рвётся от холод_, а от «Огонька» — тепло . . . Нахож___ на
    Полюсе холода — Оймяконский район Якутии. На улиц_ минус
    55С, воздух звенит, дрожат стёкл_ в рамах — так у нас холодно.
    Самолёты почт_ доставляют нерегулярно. А вот чит__ сейчас № 50
    «Огонь__» в электронн__ верси_ — и становит__ тепло. Спасибо!
    И с Нов__ год__ в__!
    Владимир Павленко

LETTER ETIQUETTE

When writing to someone in an official capacity or with whom one is on formal terms, the usual greeting is **Уважаемый** ('Esteemed') or the more deferential **Глубокоуважаемый** or **Многоуважаемый** ('Deeply/Much Esteemed'). These adjectival forms are followed by the addressee's name and patronymic: **Глубокоуважаемая Наталья Викторовна!** Where the addressee is a foreigner and, hence, has no patronymic, the **Уважаемый** or **Глубокоуважаемый** form is followed by **господин**, or its abbreviated form **г-н** ('Sir', 'Mr'), or **госпожа (г-жа)** ('Madam') + the person's surname or title:

Глубокоуважаемый господин Посол!   'Deeply Esteemed Mr
                                          Ambassador'

It is also possible to greet Russian addressees using this formula:

Глубокоуважаемый господин декан!   'Deeply Esteemed Mr Dean'

Exclamation marks follow these greetings.

The usual way to sign off a formal letter is **С уважением** ('With respect'), followed by a comma, underneath which is written the signature. In an official letter, it is common for the letter-writer's title to precede the signature:

С уважением,	'With Respect,
Проректор по международным делам	Vice-Dean for International Affairs
Толкачёв С.П.	S.P. Tolkachev'

The most common greeting in informal letters is **Дорогой (Дорогая, Дорогие)** ('Dear') followed by the name, which can be used for both close friends and intimates: (**Дорогая мама!**) and friends with whom you have a more formal relationship (**Дорогой Павел Николаевич!**). Another common greeting used for close friends and intimates is **Милый (Милая, Милые)** ('Dear', 'Dearest') also followed by a name: **Милый Саша!** Both greetings are usually concluded with an exclamation mark. Other common forms of informal greeting include **Привет** followed by a comma (**Привет, Наташа!**) and **Здравствуй(те)** (**Здравствуй, Толя!**). Combinations are possible: **Дорогая Анна Дмитриевна, здравствуйте!**

Common ways of signing off personal letters include:

* a name on its own: **Гриша**, usual in informal personal letters
* familiar expressions such as **Твой** or **Твоя** ('Yours') or, more formally, **Ваш** or **Ваша**. Both forms may be followed by the writer's name: **Твоя Анна, Ваша Нина** or, more formally, **Ваша Марина Константиновна**
* familiar expressions such as **Пока** ('See you')
* very familiar expressions such as:

Целую (тебя)	'I kiss (you)'
Обнимаю (тебя)	'I embrace (you)'
Целую и обнимаю	'Love and kisses'

* friendly yet respectful expressions such as:

Всего Вам доброго	'All the best'
С наилучшими пожеланиями	'Best wishes'

Exercise 13

(a) Select the most appropriate form of greeting and signing-off in the following letters.

(b) Put the words in brackets in the appropriate form.

1

01 июня 1999

(а) Дорогой г-н Карр!
(б) Милый г-н Карр!
(в) Уважаемый Карр!
(г) Глубокоуважаемый Г-н Карр!
(д) Г-н Карр, здравствуйте!

Спасибо за (Ваш) важное, обстоятельное письмо от 27 мая. Мы обсудили (Ваш) предложения и (прийти) к единодушному (мнение), что они (мы) устраивают. Уверен, что и сами студенты в (новый учебный) году будут чувствовать себя ещё лучше и в смысле (учёба), и с точки зрения (быт) в (Россия) — опыт у нас уже некоторый есть.

Надеемся на то, что увидимся в (будущий) учебном (год).

(а) С уважением,
(б) Любящий Вас,
(в) Всего хорошего,
(г) Ваш Сергей

Проректор по международным делам
Толкачёв С.П.

2

15 февраля 1923. Тифлис

(а) Уважаемый отец!
(б) Дорогой папа!
(в) Многоуважаемый папочка!
(г) Отец!

Поздравляю (ты) с (Новый год)! Мы праздники (провести) весело, а ты? (Большой) спасибо за деньги, на них я хочу купить себе (маленькая паровая машина). На (Рождество) я получил игрушечную каску и игру «Война» от (Вера Фролова). А также военно-патриотическую тактическую игру от (Татьяна Ивановна). Краски от (Юлия Ивановна), две (книжка) от жильца, и 31,5 рубля деньгами.

(а) С уважением,
(б) Всего Вам доброго,
(в) Целую,
(г) С наилучшими пожеланиями,

Лёва.

(ДН, апрель 1997)

3

Осень. 1916

(а) Дорогой отец,
(б) Милый папа,
(в) Уважаемый папа,
(г) Здравствуйте, отец!

Как я жалею, что не (мочь) (ты) вечером поцеловать, и мне бывает так грустно, что я иногда (плакать). (Милый) папочка, не скучай и (ждать) того времени, когда мы (смочь) жить вместе. (Подруги) у меня нет, потому что Нина Голубь стала дружить с (девочка), которая очень богата и потому очень горда, а я с (эта девочка) не хочу дружить . . .

(а) Ваша Ирина
(б) С уважением, Ирина
(в) Целую, Ирина.
(г) Твоя Ирина Павловна.
(д) Целую Вас. Ирина.

(ДН, апрель 1997)

Вы and вы

In writing letters the singular polite **Вы** form is often written with a capital letter, as are its oblique forms (**Вас, Вам, Вами**) and the possessive adjective **Ваш, Ваша, Ваше, Ваши** (see first letter in Exercise 13 above).

Exercise 14

Complete the unfinished words in the following extracts from Anton Chekhov's correspondence. The number of dashes indicates the number of letters which have been omitted.

27 декабря 1897, Ницца
Теперь в Москве Нов__ год, нов__ счастье. Поздравляю В__, желаю все__ сам___ луч_____, здоров__, ден__, жениха с усами и отличного настроения.

26 декабря, 1898, Ялта
Доро___ Александр Леонидович, поздрав___ Вас с Нов__ го___, с нов__ счаст___ и же___ Вам здоро___, счас___, успе___ и всего, чего только пожелаете. Шлю Вам боль___, громадное, шестиэтажное спас___ за Ва__ мил__ телеграмму.

30 декабря, 1902, Ялта
Мил__ Виктор Сергевич, с Нов__ го___, с нов__ счаст___! Будьте счаст_____ в 1903 г. и здоро__.

FUNCTION: Пусть

Another common way of wishing someone something is **пусть** ('let') – the
2nd p. sg. imperative form of **пустить** ('to allow', 'to let') – + present or future
tense: **Пусть все Ваши мечты исполнятся!** ('May (let) all your dreams come
true').

Exercise 15

Complete the unfinished words in the following congratulatory letter. The
number of dashes indicates the number of letters which have been omitted.

Дорог_ _ коллеги!
Я знаю, что скоро у вас нач_ _ _ _ _ каникулы и в Рождество на кафед_ _,
наверное, никого не буд_ _. Поэтому я польз_ _ _ _ возможностью
заранее поздравить в_ _ с наступающ_ _ Рождеств_ _ Христов_ _ и
Нов_ _ год_ _. Я хочу пожелать в_ _ вс_ _ счастлив_ _ _, радостн_ _ _ год_.
Пусть исполня_ _ _ _ все ваш_ желан_ _, пусть неудачи обход_ _ вас
сторон_ _! Я также хочу пожелать в_ _ крепк_ _ _ здоров_ _, удач_ во
вс_ _ ваш_ _ начинаниях, душевного спокойств_ _. Пусть ваши студенты
рад_ _ _ вас своими блестящ_ _ _ успех_ _ _!
С любов_ _,
Николай Кочуров

пусть

This construction is also the normal way of expressing the 3rd p. sg. and pl.
imperative form:

Пусть поговорит с ней.	'Let him (her) speak to her.'
Пусть построят!	'Let them build (it)!'

Пускай (2nd p. sg. of impf. verb **пускать** 'to allow', 'to let') is also used in
this way: **Пускай войдёт** ('Let him come in'). The same construction is also
used as the imperative form for the first person plural (**мы**):

Ельцин — хороший дедушка, пусть внуков воспитывает.	'Yeltsin's a good grandfather. Let him (by all means) educate his grandchildren.'

Exercise 16

Match the columns so that they make sense. Put the verbs in brackets in the
appropriate form. Verbs are given in the correct aspect.

1 Пусть профессор какие-нибудь лекарства (дать),

2 Мы думали в марте сократить количество студентов на 10–15.

3 Я зарабатываю очень тяжёлым трудом, и что бы ни случилось,

4 Я вот хочу дочку в институт в Тольятти отправить, к родителям.

5 Я за то, чтобы у каждого был свой шанс раскрыться.

6 «Интернационал» пусть (прогреметь),

i пусть (уйти) все мои деньги, но памятник отцу я (поставить).

ii что-то (прописать).

iii когда навеки похоронен будет последний на земле антисемит.

iv Как говорят китайцы, пусть (расцветать) все цветы.

v Потом решили оставить как есть — пусть (учиться). Но где деньги взять?

vi Пусть к суровой жизни (привыкать).

UNIT TWO
Thanking, apologising, requesting and advising

THANKING

Gratitude is normally expressed using the word **спасибо** ('thank you', 'thanks'). To thank someone *for something*, use the preposition **за** + acc.: **Спасибо за деньги**. The person being thanked goes into the dat.:

> **Спасибо Вам за письмо.** 'Thank you for the letter.'

The verb **благодарить (кого за что)** ('to thank (someone for something)') is restricted to formal expressions of gratitude:

> **Благодарю вас** (acc.) **за помощь** (acc.). 'Thank you for your assistance.'

Exercise 1

Put the words in brackets into the correct form.

Спасибо вам за

1	(помощь).	5	(приглашение).
2	(книга).	6	(фотография).
3	(совет).	7	(тёплые слова).
4	(письмо).	8	(гостеприимство).

Exercise 2

Match the following situations and expressions of gratitude.

1	Больной благодарит врача.	i	Спасибо за гостеприимство.
2	Гость благодарит хозяев.	ii	Спасибо за консультацию.
3	Гость благодарит хозяйку.	iii	Спасибо за подарок.
4	Профессор благодарит слушателей в конце лекции.	iv	Спасибо за совет.
5	Студент благодарит преподавателя.	v	Спасибо за компанию.

6 Сын благодарит родителей.	vi Спасибо за внимание.
7 Человек благодарит друга в день рождения.	vii Спасибо за заботу.
8 Человек после ужина благодарит соседа.	viii Спасибо за вкусный обед.

To thank someone for doing something

The expression of thanks ('thank you for coming') is followed either by a subordinate clause introduced by the conjunction **что**:

Спасибо, что пришли.   'Thanks for coming.'

or, more formally, **за то, что**:

Спасибо за то, что пришли.   'Thank you for coming.'
Благодарю Вас за то, что пришли.   'Thank you for coming.'

Что is preceded by a comma.

Exercise 3

Write sentences according to the model.

Model: Спасибо, (вы, приехать) → (а) Спасибо, что приехали.
                                    (б) Спасибо за то, что приехали.

1 Спасибо, (вы, написать)
2 Благодарю вас, (смочь прийти)
3 Спасибо вам, (зайти).
4 Он поблагодарил меня, (купить (f.) ему книгу)
5 Заранее благодарю вас, (смочь нам помочь)

Responses to being thanked

Common expressions are:

Пожалуйста.	'Don't mention it', 'You are welcome'.
Не за что.	'It's nothing.'
Не стоит.	'Don't even mention it.' literally 'it's not worth it'.

Note the familiar **Ну что Вы (ты)!** ('Don't be silly!') and the formal:

Не стоит благодарности.	'There is no need for gratitude.'
Это я должен (должна) Вас благодарить.	'It is I who should thank you.'

Мне было очень приятно помочь Вам.   'It was a pleasure for me to help you.'

The expression **на здоровье** is used to respond to gratitude for hospitality, such as having been offered food and drink:

— **Спасибо за угощение.** — **На**   'Thank you for your hospitality.'
здоровье!   'You're very welcome.'

Exercise 4

Re-arrange the following short exchanges so that they make sense.

1 a Ну что Вы, Оленька, пожалуйста.
   b Большое спасибо, Фёдор Степанович.
   c Ну вот, Оля, нашёл Вам мою статью о Достоевском.
2 a Не стоит.
   b Спасибо, Саша!
   c Я принесла тебе эту книгу.
3 a На здоровье!
   b Вы ещё хотите?
   c Спасибо, нет. Марья Андреевна, большое спасибо за очень вкусный обед!
4 a Не за что. Это мне было не трудно.
   b Большое спасибо!
   c Вот я купил вам два билета в театр.
5 a Это мы должны Вас благодарить.
   b Я очень тронута вашим вниманием. Благодарю вас, мои друзья.
   c Дорогая Лидия Михайловна! Разрешите мне от имени всех поздравить вас с днём рождения и вручить эти цветы.

APOLOGISING

The usual verbs used for apologising in Russian are **простить** ('to forgive, to pardon') and **извинить** ('to excuse', 'to pardon'), typically used in their imperative forms: **прости, простите** and **извини, извините**.

Извините (меня), пожалуйста.   'Excuse me, please.'

To make explicit what it is one is apologising for, use **за** + acc.:

Простите, пожалуйста, за опоздание.   'I apologise for being late.'

Exercise 5

Match both columns so that they make sense.

1	Извините за грубые слова,	i	сколько вам лет?
2	Простите, пожалуйста, за опоздание.	ii	а можно позвонить от вас?
3	Простите меня за нескромный вопрос,	iii	вы коренной москвич?
4	Извините меня за долгое молчание,	iv	но он идиот.
5	Извините за любопытство,	v	Пришлось задержаться на работе.
6	Извините за беспокойство,	vi	не было времени написать письмо.

Apologising for doing something

The construction used to express an apology for doing something ('sorry for being late'), is the same as that used for thanking someone for doing something: the expression of apology + **что**:

Прости, что так долго не писал.   'Forgive me for not having written for such a long time.'

or, more formally, **за то, что**:

Простите за то, что побеспокоил вас.   'I apologise for disturbing you.'

Exercise 6

Write sentences according to the model.

Model: Извините, (я (f.), не, позвонить, вы) → (а) Извините, что не позвонила вам. (б) Извините за то, что не позвонила вам.

1 Извините, (я (m.), не, прийти)
2 Простите, (я (f.), опоздать)
3 Простите, (я (m.), заставить, вы) долго ждать
4 Простите, (я (m.), не, позвонить)
5 Извините, (я, беспокоить, вы) (present tense)

Exercise 7

Match the beginnings and ends of sentences so that they make sense.

1	Ваше милое письмо я получил	i	за ноты.
2	Прости за бессвязное письмо,	ii	и благодарю Вас за тёплые строчки.

3   Да, забыла поблагодарить   iii   очень благодарю Вас.
    Вас
4   Я хочу поблагодарить   iv   больше писать я не могу.
    читателей «Дружбы
    народов»,
5   За фото   v   но сейчас поздно.
6   Простите меня,   vi   которые мне пишут.

ASKING A THIRD PARTY TO DO SOMETHING:
просить/попросить

To ask a third party to do something, use **просить/попросить** – **Я попросила
Катю прочитать эту книгу** ('I asked Katya to read that book') – with the
person of whom the request is made in the acc. (**Катю**), and the thing they
are being asked to do in the infinitive (**прочитать**).

Exercise 8

Match the beginings and ends of sentences so that they make sense.

1   Однажды, при подготовке   i   словно арестанта в тюрьме
    очередного сборника,   перед отправкой в камеру.
2   Дорогой брат Миша! Хорошо   ii   Кого-то я прошу уйти.
    делаешь, если читаешь книги.
    [. . .] Прочти ты следующие
    книги: «Дон Кихот». Хорошая
    вещь.
3   Комитет солдатских матерей   iii он попросил меня придумать
                                       себе чёткий, краткий псевдоним.
4   А театр не место, где   iv   просил президента отменить
    становятся знаменитыми. Это   осенний призыв.
    кузница мастерства. Очень
    многие не выдерживают,
    уходят, скандалят.
5   После этого его попросили   v   вместо Людмилы Борисовны.
    снять штаны и нагнуться,
6   Прошу Вас провести урок   vi   Советую братьям прочесть,
                                       если они ещё не читали, «Дон
                                       Кихот и Гамлет» Тургенева. (Ч)

GIVING ADVICE: советовать/посоветовать

To advise someone to do something, use **советовать/посоветовать** – **Она посоветовала Кате прочитать эту книгу** ('She advised Katya to read that book') – with the person being advised in the dat. (**Кате**), and the thing they are being advised to do in the infinitive (**прочитать**). (See *Basic Russian*, Unit 36.)

Exercise 9

Rewrite the following sentences according to the model.

Model: — Просим тебя рассказать всю правду. →
          Они (попросить: я) рассказать всю правду.
          Они попросили меня рассказать всю правду.

1   Прошу вас купить хлеб. → Он (попросить: я) __ __ купить хлеб.
2   Советую тебе позвонить домой. → Она (посоветовать: я) __ __ позвонить домой.
3   Прошу вас позвонить на работу. → Она (попросить: я) __ __ позвонить на работу.
4   Советую вам прочитать его новый роман. → Она (посоветовать: мы) __ __ прочитать его новый роман.
5   Просим вас принести с собой паспорт. → Они (попросить: мы) принести с собой паспорт.
6   Советуем вам взять с собой деньги. → Они (посоветовать: мы) __ __ взять с собой деньги.

PHONE ETIQUETTE

The three most common ways to ask for someone on the phone are:

* the imperative of **попросить** + acc. of person sought:

Попросите, пожалуйста,   'Could I speak to Irina Pavlovna,
Ирину Павловну!   please?'

* the imperative of **позовить** + acc. of person sought:

Позовите, пожалуйста,   'Could I speak to Lidiya Fedorovna,
Лидию Фёдоровну.   please?'

* the less formal **можно** + acc. of person sought:

Можно Ирину Павловну?   'Could I speak to Irina Pavlovna,
                                    please?'

Often, the request is preceded by the phrases **Будьте добры** or **Будьте любезны**, ('Be so good (as to)'), or any of the normal greetings (see Unit 1): **Добрый день**, **Здравствуйте**, etc.:

Будьте добры, попросите Ирину Павловну!	'Hello, could I speak to Irina Pavlovna, please?'

The response to such a request is usually in the future perfective:

Одну минуточку. Сейчас её позову.	'One moment. I'll just get her.'
Одну секунду. Сейчас передам.	'One second. I'll just transfer him/her.'
Подождите, пожалуйста. Сейчас подойдёт.	'Hold on, please. He/She's just coming.'

The expressions of time (**Одну минуточку**, **Одну секунду** . . .) are in the accusative case.

If the person answering the phone speaks first, then the normal expressions are the formal **Слушаю!** ('Hello?'), the less formal **Алло!** (pronounced **алё**), the slightly abrupt **Да** and the official-sounding **Иванов слушает** or **Иванов у телефона** (both 'Ivanov speaking').

An opening exchange might thus be:

— **Слушаю!**	'Hello?'
— **Будьте добры, попросите Ирину Павловну!**	'Could I speak to Irina Pavlovna, please?'
— **Одну минуту. Сейчас её позову.**	'Hold on a second. I'll just get her for you.'

Слушаю!, as well as meaning 'Hello?', also means 'Speaking':

— **Попросите, пожалуйста, Валериана Ильича!**	'Could I speak to Valerian Il'ich, please?'
— **Слушаю!**	'Speaking.'

Note the use of exclamation marks in the exchanges. (See Unit 1 for use of exclamations marks in greetings.)

Exercise 10

Rewrite the following exchanges putting the words in brackets in the appropriate form.

1 — (Добрый) день! (Попросить), пожалуйста, (Иван Сергеевич)!
   — (Одна минуточка). Сейчас его (позвать).
2 — Алло!
   — (Быть) любезны! (Позвать) к (телефон) (Зоя Константиновна).
   — (Слушать)!

3   — Будьте (добрый)! (Попросить), пожалуйста, (Анна Георгиевна)!
     — (Одна секунда). Сейчас (передать).
4   — Добрый вечер! Можно (Юра), пожалуйста?
     — А кто (он) спрашивает?;
     — Это Миша.
     — Привет, Миша. (Подождать). Сейчас он (подойти).
5   — Слушаю!
     — Здравствуйте! (Вы) беспокоит Наталья Ивановна Фролова из («Комсомольская правда»). Можно (Павел Андреевич)?
     — Слушаю, (Наталья Ивановна)!

Exercise 11

Re-order the following dialogue so that it reads more naturally.

Минут через десять звонок . . .
1   — Могу!
2   — Когда?
3   — Мы хотим с вами побеседовать! Не могли бы прийти к нам?
4   — С вами говорят из Художественного театра! Владимир Петрович Баталов!
5   — Слушаю!
6   — Слушаю, Владимир Петрович!
7   — Попросите, пожалуйста, Валериана Ильича!
8   — Отлично. Вас встретят в комендатуре,
9   — Да хоть сейчас!
. . . и вешает трубку.

(Кв., ДН, февраль 1998)

Exercise 12

Select whether the following statements are true (T) or false (F) by consulting the text.

1   Валериан Ильич работает в Художественном театре.
2   Валериан Ильич хочет побеседовать с Владимиром Петровичем.
3   Владимир Петрович вешает трубку.
4   Владимир Петрович звонит Валериану Ильичу.
5   Встреча назначена на тот же день.

Exercise 13

Place the following words and phrases in the dialogue below so that it makes sense.

Words and phrases: в трубке, в трубку, давай, дома, кто вам нужен, нажать на рычаг, не туда попал, поздний звонок, положил трубку, сняли трубку

Вначале Марьин телефон долго не отвечал, потом __ (1) и сквозь музыку и шум вынырнул откуда-то мужской голос. Я сказал: «Здравствуйте, извините за __ (2)», — и вдруг:

— Вы муж Марьи?

— __ (3) подумали и спросили:

— А у неё есть муж?

Я решил, что __ (4), и собрался __ (5), но услышал приближающийся Марьин говор.

— Дай, — сказала она кому-то и спросила __ (6) : — __ (7)?

— Это я, — сказал я.

— Ты дома? — спросила Марья.

— __ (8), — сказал я.

— Тогда приходи. У меня день рождения.

— Я не знал. Ты никогда не говорила о своём дне рождения.

— Теперь говорю. __ (9), я жду.

— А кто у тебя там? — спросил я на всякий случай.

— Да так, — сказала Марья. — Люди.

Я __ (10) и аккуратно, чтоб не разбудить кошку, встал.

(Хург., ДН, сентябрь 1998)

UNIT THREE
Possession, desire and making suggestions

EXPRESSING POSSESSION: у меня

The **у меня** construction in Russian can be translated into English to mean:

- 'to have':

  У меня одно сердце, не   'I have only one heart. Do not tear
  разрывайте его на части!   it into pieces!'
  Меня зовут Галина. У меня   'My name is Galina. I have six
  шестеро детей.   children.'
  (See *Basic Russian*, Unit 16.)

- the possessive adjective 'my':

  Мама у меня очень инициативная. 'My mum is very dynamic.'
  Двадцать лет назад у меня   'Twenty years ago my wife died.'
  умерла жена.

- the phrase 'in my home' (compare French *chez moi*, German *bei mir*):

  Недавно приезжала Женя и   'Recently Zhenya came to stay with
  гостила у нас три дня ...   us (in our home) for three days.'

- 'in one's own country':

  О семье покойного Владимира   'A lot is written here (in Russia)
  Кирилловича у нас пишется   about the family of the deceased
  много.   Vladimir Kirillovich.'

У меня грипп/У меня болят руки: the normal way to say that one is suffering from some ailment or other is with the first **у меня** ('I have') construction:

  У тебя грипп?   'Do you have the flu?'

To express that some part of the body hurts, the 3rd p. sg. or pl. of **болеть** is used, as appropriate: sg. **Болит голова** ('I have a headache'; 'my head aches'); pl. **Болят глаза.** ('My eyes hurt').

To indicate whose head is hurting, where English uses a possessive adjective (my, your, etc.), in Russian the second **у меня** ('my') construction is used:

У меня болит голова.   'My head hurts'/'I have a headache.'
У неё болят глаза.   'Her eyes hurt/are hurting/are sore.'

The Russian **у меня** equivalent to the English 'my' is often omitted.

Exercise 1

Match the Russian and English words.

1	голова	i	nose
2	печень	ii	back of the head
3	ухо (pl. уши)	iii	finger (fingers), toe (toes)
4	грудь	iv	knee
5	глаз (pl. глаза)	v	heart
6	живот	vi	small of the back
7	спина	vii	body
8	рана	viii	tooth
9	поясница	ix	chest
10	зуб	x	temples
11	сердце	xi	muscles
12	нос	xii	liver
13	горло	xiii	wound
14	мышцы	xiv	back
15	шея	xv	head
16	виски	xvi	ear (ears)
17	затылок	xvii	eye (eyes)
18	тело	xviii	throat
19	колено	xix	neck
20	палец (pl. пальцы)	xx	belly, stomach

Exercise 2

Make sentences according to the model.

Model: я: горло → У меня болит горло

1 она: голова
2 она: уши
3 дочь: ноги
4 я: глаза
5 ребёнок: живот
6 Маша: спина
7 отец: зуб
8 мать: сердце

Exercise 3

Make sentences according to the model.

Model: У меня была боль в груди. → У меня болела грудь.

1   У меня была боль в горле.
2   У Саши была боль в правой руке.
3   У Лии была боль в висках.
4   У Алёши была боль в затылке.
5   У неё была боль во всём теле.
6   У него была боль в сердце.
7   У Катюши была боль в колене.

Exercise 4

Complete the extracts below by inserting the appropriate construction/phrase with **у** from the list below.

List: у Бориса Николаевича, у Вас, у меня, у неё, у него, у России, у тебя

1   — Тогда приходи. __ день рождения.
    — Я не знал. Ты никогда не говорила о своём дне рождения.
    — Теперь говорю. Давай, я жду.
    — А кто __ там? — спросил я на всякий случай.
    — Да так, — сказала Марья. — Люди.
2   «Эхо Москвы»: А Вы или Борис Николаевич, вы на ночь что-то читаете перед сном? Что __ сегодня лежит на тумбочке прикроватной, какая книжка?
    Н. Ельцина: Последние дни, буквально, — собрание сочинений Пушкина. Вчера читала «Руслана и Людмилу».
    «Эхо Москвы»: А что __ на прикроватной?
    Н. Ельцина: Он как-то в последнее время детективами увлекается. Совсем недавно он читал Агату Кристи.
3   Профессор антропологии Джованни Перучи обнаружил в лесах Кении женщину, которая родилась 140 лет назад. Ханна Ньоки Кинуя глуха и речь __ замедленная, но она помнит все важнейшие события XIX и XX веков.
4   Представляешь, работал человек в банке, руководил ещё какой-то фирмой, а после кризиса, когда банк загнулся, бросил свой бизнес и стал рисовать. И главное, картинки __ действительно очень хорошие.
5   Конкуренция на рынок вооружений чрезвычайно остра, но __ сохранился высокий потенциал для экспорта вооружений.

Exercise 5

Match the beginnings and ends to complete the Russian sayings.

1	У друга сучок в глазе видишь,	i	а у парня свой смысл.
2	У всякого Павла	ii	лучше неприятельского мёду.
3	У девки догадки,	iii	глаза велики.
4	У палки	iv	своя правда.
5	У волка из зубов	v	а у себя и бревна не чуешь.*
6	У баб да лукавых	vi	два конца.
7	У страха	vii	слёзы готовы.
8	У друга пить воду —	viii	не отнимешь.

* чуешь (← чуять) = чувствуешь, видишь

EXPRESSING DESIRE/SUBJUNCTIVE: чтобы

When the subject of the sentence (I, he, she, etc.) wants to do something, the construction **хотеть** + inf. is used (see *Basic Russian*, Unit 37): **Я хочу поехать в Россию** ('I want to go to Russia'). However, when the subject wants or would like *someone else* to do something, the normal construction used is **хотеть** + **чтобы** + the subjunctive mood. The verb in the subjunctive mood is the same as the past tense form of the verb:

Я хочу, чтобы Маша была там.	'I want Masha to be there.'
Я хотела, чтобы Маша была там.	'I wanted Masha to be there.'
Я хотела/Мне хотелось бы, чтобы Маша была там.	'I'd like Masha to be there.'

The verb after **чтобы** is always in a past tense form, regardless of the tense or mood of the main clause ('I want, wanted, would like, . . .'). **Чтобы** is always preceded by a comma.

Exercise 6

Make sentences according to the model.

Model: Я хочу, (ты, перестать, курить) →
       Я хочу, чтобы ты перестал курить.

1 Она хочет, (они, быстро, пожениться).
2 Они хотят, (сын, учиться в Москве).
3 Мы хотим, (поездка в Петербург, состояться).
4 Я очень хочу, (она, прийти к нам в гости).
5 А ты действительно хочешь, (я, быть там)?
6 Отец хочет, (дочь, выйти замуж).
7 А вы не хотите, (сам директор, поговорить с вами)?

Exercise 7

Make sentences according to the model.

Model: Я хотел, (ты, поступить в институт). →
Я хотел, чтобы ты поступил(а) в институт.

1 Я хочу, (он, пойти, домой).
2 Я хотел, (она, вернуться, домой).
3 Мне хочется, (они, купить, этот дом).
4 Мне хотелось, (она, замолчать).
5 Мне хотелось бы, (Чечня, быть независимой)!
6 Мне вдруг захотелось, (он, уйти).

Other verbs expressing desire

For example, **мечтать** ('to dream') may be followed by the same **чтобы** + subjunctive construction:

Отец мечтал, чтобы внук стал офицером.	'Father dreamt of his grandson becoming an officer.'

Exercise 8

Match the beginnings and ends of the extracts in both columns to form meaningful sentences.

1 Одни хотят прочитать эту книгу.
2 Я хочу, чтобы ваша нелёгкая работа
3 Я очень хотела, чтобы именно Саша памятник делал,
4 Выражаясь вульгарно, хочу, чтобы «Сатирикон»
5 Но я стремлюсь к тому, чтобы зарплата актёра
6 Ещё на заре космической эры он возмечтал,
7 Она хотела, чтобы он худел,

i доставляла вам истинное удовольствие.
ii хоть как-то соответствовала его душевным и физическим затратам.
iii стал лучшим российским театром.
iv соблюдал режим.
v Другие хотят, чтобы сама память о ней исчезла навсегда.
vi мне всегда нравилось его надгробие Высоцкому.
vii чтобы в космосе побывал журналист и всё описал.

Exercise 9

Complete the following letter (in two parts) to the editor of **«Огонёк»** by inserting the verbs from the lists below.

(a) *Verbs*: болел, будем, были, взять, говорит, купит, отдам, печатают, получить, поправится, посылаю, сделал, ставили, хочу

> Я ___, чтобы Дима не ___ и ему не ___ катетеры. Я придумал, где ___ деньги для Диминых лекарств. Я ___ тебе, «Огонёк», свою любимую фотографию. Её ___ мой папа. На ней мне 4 года, мы ___ тогда в Хомутинино. Бабушка ___, что если фотографии ___ в журналах, то за это можно ___ деньги. Их я ___ маме, мама ___ лекарства.
> Тогда Дима ___ и мы все ___ вместе.

(b) *Verbs*: люблю, напечатай, помочь, проверял, сообщило, умер, умер

> «Огонёк», пожалуйста, ___ эту фотографию в конкурсе фотографий или просто так. НТВ ___, что от лейкемии ___ американский космонавт. Поэтому я хочу ___ брату. Я его ___. Я не хочу, чтобы он ___.
> Моя семья: мама Ольга Викторовна, папа Леонид Михайлович, Дима и я.
> Мой адрес: г. Челябинск, ул. Красноармейская, дом 109, кв. 44.
> Ошибки ___ дедушка.
> Аркаша Любимчик

(О, сентябрь 1998)

Exercise 10

Having read the above letter, decide whether the following statements are true (T) or false (F).

1   Дима хочет, чтобы Аркаша не болел.
2   Аркаша хочет, чтобы Дима не болел.
3   Аркаша не хочет, чтобы Дима умер.
4   Дима не хочет, чтобы Аркаша болел.
5   Аркаша хочет, чтобы Дима больше не болел.

Exercise 11

Pre-reading task: match the English and Russian words.

1	малыш	i	behaviour
2	ребёнок	ii	necessity
3	кровать	iii	breathing
4	одеяло	iv	bed
5	подушка	v	to make noise
6	младенец	vi	to disturb
7	одежда	vii	death
8	поддерживать	viii	child
9	укладывать	ix	to cover

10 укрывать	x	prescription
11 беспокоить	xi	baby, infant
12 шуметь	xii	to grow pale
13 необходимость	xiii	tears
14 предписание	xiv	to place
15 дыхание	xv	child, kid (colloquial)
16 поведение	xvi	sleepiness
17 слёзы	xvii	blanket
18 сонливость	xviii	to maintain
19 побледнеть	xix	pillow
20 смерть	xx	clothes

Семь советов родителям:

1   Укладывание на спинку. До годовалого возраста малыша надо укладывать спать на спинку, если только это по какой-то причине не противопоказано врачом. Это не помешает ему научиться играть, лёжа на животике, когда он не спит.

2   Постель. До двухлетнего возраста ребёнок должен спать на твердой кровати, за барьером с достаточно частыми прутьями, на жёстком матрасе, который подходит к кровати по размеру и по периметру, без подушки, покрывал и тёплых одеял.

3   Курение. Оно категорически противопоказано, по крайней мере во время беременности. В комнате с младенцем курить нельзя.

4   Температура. В комнате, где спит малыш, температуру лучше всего поддерживать в пределах 18–20 градусов. Одежда на ребёнке должна соответствовать погоде и обстановке. На прогулке укрывать его не нужно. Не гуляйте с ребёнком по жаре. Если у малыша повышенная температура, не бойтесь снять с него одеяло.

5   Сон. Когда ребёнок спит, не надо его беспокоить. Не следует шуметь без необходимости. Младенец, который недосыпает, особенно уязвим.

6   Лекарства. Не давайте ребёнку никаких лекарст, без предписания доктора.

7   Врач. Его надо срочно вызвать в следующих случаях: рвота, затруднённое дыхание – даже при отсутствии жара; высокая температура (выше 38 градусов); необычное поведение (частые слёзы, повышенная сонливость); если младенец сильно побледнел или стал синим.

(О, июнь 1998)

Exercise 12

Select whether the following statements are true (T) or false (F) by consulting the text above.

1   В возрасте одного года рекомендуется укладывать детей на спинку.
2   Во время беременности курение сильно рекомендуется.
3   Если у ребёнка повышенная температура, не снимайте с него одеяло.
4   Когда ребёнок много плачет, немедленно вызовите врача.
5   Когда ребёнок спит, рекомендуется не шуметь.
6   Не следует давать лекарство ребёнку без рецепта врача.
7   От двух лет дети должны спать на твёрдой кровати.

MAKING SUGGESTIONS: MODALS

Note the various ways employed in **Семь советов родителям** for telling others to do, or not to do, something, ranging from the strongly imperative **надо срочно** ('one must urgently') to the milder injunction **не следует** ('one should not'). Syntactically, they can be grouped as follows:

Impersonal constructions + infinitive

надо: [Врача] **надо срочно вызвать в следующих случаях.**	'The doctor must be called urgently in the following cases.'
лучше: Температуру **лучше всего поддерживать в пределах 18–20 градусов.**	'It is best of all to keep the temperature in the region of 18–20 degrees.'
нельзя: В комнате с младенцем **курить нельзя.**	'Smoking is forbidden in the same room as the child.'
не надо: Не надо его беспокоить.	'He must not be disturbed.'
не нужно: На прогулке укрывать [ребёнка] **не нужно.**	'The child should not be covered up when taken out for a walk.'
не следует: Не следует шуметь **без необходимости.**	'Where possible, no noise should be made.'

(See *Basic Russian*, Units 38, 39.)

Negative imperative (imperfective aspect)

Не гуляйте с ребёнком по жаре.	'Do not take the child out for a walk in the heat.'
Не давайте ребёнку никаких лекарств.	'Do not give the child any medicines.'
Не бойтесь снять с [ребёнка] одеяло.	'Do not be afraid to remove the blanket from the child.'

(See *Basic Russian*, Unit 36.)

Adjectival forms

должен (должна, должно, должны) (see Unit 7):

Ребёнок должен спать на твёрдой кровати.	'The child should sleep on a hard bed.'

противопоказано: short form past passive participle (see Unit 10):

[Курение] категорически противопоказано.	'[Smoking] is categorically forbidden.'

Exercise 13

Match the beginnings and ends of the extracts in both columns.

1 Иногда я совершенно точно чувствую, в какой момент
2 Постановка Касаткиной и Василева.
3 Можно или нельзя использовать в художественном произведении сюжеты священных книг —
4 Если государство не будет им мешать или, не дай бог, помогать, селяне, глядишь, через год-другой поднимутся.
5 Пётр Семенович тотчас же заявил, что кабинет,
6 Надо открыть глаза: наш город наполнен тайными грязными притонами.
7 Идёт становление

i в разных религиях вопрос спорный.
ii более устойчивой системы с гибкой экономикой и неплохими ресурсами.
iii Не нужно путать с Васильевым, который женат на Максимовой.
iv как самую удобную комнату, надо отдать Блоку.
v Не пора ли легализовать публичные дома?
vi Только не надо скулить об их печальной доле.
vii мне нужно замолчать и выслушать мнение Володи.

VERBAL NOUNS: -ание, -ение

Nouns ending in **-ение/-ание/-яние** often correspond to the '-ing' suffix in English:

укладывание	'(the) placing' (← **укладывать** 'to place')
курение	'smoking' (← **курить** 'to smoke')

| предписание | 'prescription (the writing forth, prescribing of something)' (← **пред-** 'pre-' + **писать** 'to write') |

Nouns with this ending are called verbal nouns because they usually denote the same activity as that denoted by their corresponding verb (i.e., **курение/ курить**). The relationship between noun and verb is not always obvious since the noun stem can differ from the infinitive stem, as with **поведение**, whose infinitive counterpart is **(по)вести себя** ('to behave oneself': **веду, ведёшь** . . . 'I, you behave . . .') and **дыхание**, related to **дышать** ('to breathe').

Even without immediately recognising the verbal stem in the verbal noun, a dissection of the word often reveals its meaning: **предписание**: **пред-** 'in front', 'before', 'pre-', **пис-** 'write', **-ание** 'ing' = pre-writ-ing → pre-script-ion.

Exercise 14

Complete the following sentences by adding the appropriate stem from the list below to the verbal noun endings.

замир- (замирать/замереть), исполн- (исполнять/исполнить), назв- (называть(ся)/назвать(ся)), объявл- (объявлять/объявить), отнош- (относить(ся) (отношу, относишь . . .)/отнести(сь)), поним- (понимать/ понять), теч- (течь)

1   — Дон Хулио, миллионы фанатов смотрят на вас с __анием сердца. Вы можете сказать: я — Бог?
    — У меня с Богом хорошие __ения, зачем его гневить.
2   Кто же, однако, платит миллионы долларов за __ение трогательной мечты?
3   На окраинной улице с __анием Плуталовая прохожие уже не удивляются, читая вывеску на одном из домов: «Здесь можно купить собачье мясо».
4   Очень прошу напечатать моё __ение.
5   И уже вот в __ение почти целого года им не возвращают деньги!
6   Когда я покидал Звёздный городок с __анием того, что моя космическая одиссея завершена, признаюсь, было очень тягостно.

INFINITIVE CONSTRUCTIONS: написать ей письмо?

The perfective infinitive form of the verb in Russian can be used as a means of offering to do something for someone – **Налить вам водки?** ('Should I pour you some vodka?') – and of asking someone's advice – **Написать ей письмо?** ('Should (one) write to her?'). A normal response to an offer from someone to do something is **Пожалуйста** ('Please, do'), **Спасибо, пожалуйста** ('Yes, please') or **Спасибо, нет** ('No, thank you').

It is also normal to respond to such offers using the imperative mood, often with a polite formula such as **пожалуйста**:

— **Налить вам? — Налейте, пожалуйста.**   'Shall I pour (you) a drink?' 'Please, do.'

Where the questioner is looking for advice, then the imperative mood is the normal response:

— **Написать ему письмо?**
— **Напишите!**   'Should (I) write to him?' 'Yes, you should.'

To specify who is seeking advice, the subject goes into the dative case:

— **Мне написать письмо? — Нет, брату.**   'Should I write the letter?' 'No, your brother should.'

Nouns following the infinitive go into the same case as they would if the verb were conjugated, compare **Я купил книгу** ('I bought a book') and **Книгу купить?** ('Should I buy the book?'), with **книгу** in the acc.

PARTITIVE GENITIVE: налить вам водки?

Note the use of the so-called partitive genitive – **водки** ('some vodka') – to denote part of a substance or liquid.

Налить вам водки?   'Should I pour you some vodka?'

Exercise 15

Complete the following dialogues by supplying an appropriate verb in the correct form from the list supplied below. Answer in the imperative. In relation to each dialogue state whether the questioner is seeking advice (A) or offering to do something (O).

Verbs: выключить, написать, передать, подарить, помочь, принести, принять, убрать

1   __ тебе кофейку?
    Да, __.
2   Что __ отцу?
    __, что мы живы и здоровы.
3   Может быть, __ свет?
    Да нет. Только будь другом, __ радио.
4   Тебе __ на кухне?
    Спасибо, нет. Лучше __ матери в столовой.

5   Не — ли мне родителям об этом?
    Да, обязательно —.
6   — книги со стола?
    Вы очень любезны. Да, пожалуйста, —.
7   — его на работу?
    А почему бы нет. — его. Он способный мальчик.
8   Что — сестре?
    — ей книгу о русском театре.

UNIT FOUR
Seeking and giving clarification

THE INTERROGATIVE: какой

Какой, какая, какое, какие ('which') is used to ask for details about the object or person under discussion. **Какой**, etc., is an adjective and therefore agrees in number, gender and case with the noun it is qualifying: **Вы о какой книге говорите?** ('What (which) book are you talking about?') (literally 'About which book . . .?').

There are a number of ways of responding to this question:

*   by naming the book:

    (Я говорю) об «Анне Карениине».   'I am talking about "Anna Karenina".'

*   by describing the book:

    (Я говорю) об этой красной книге.   'I am talking about this red book (here).'

*   by identifying the author of the book:

    (Я говорю) о романе Толстого.   'I am talking about Tolstoy's novel.'

Exercise 1

(a) Complete the questions using an appropriate form of the interrogative pronoun **какой** and, where necessary, an appropriate preposition, as in the model.

Model: Вы (какой) — книге говорите? →
        Вы о какой книге говорите?

(b) Select the appropriate answer from the list provided below.

Answers: «Известия»; В «Спартаке»; На Маяковского; Я очень люблю новости; Из Смоленской области; В ирландском, что на Арбате; В Невском Паласе; В Литературном

1 Она (какой) __ области?
2 (какой) __ институте ты учишься?
3 (какой) __ газету вы любите читать?
4 (какой) __ ваша любимая передача?
5 (какой) __ улице вы живёте?
6 (какой) __ гостинице вы останавливаетесь?
7 (какой) __ баре вы встречаетесь?
8 (какой) __ команде он сейчас играет?

RELATIVE CLAUSES 1: который, кто, что

A relative clause is a clause which has an adjectival function: it describes a noun. It is introduced by a relative pronoun (English 'which', 'that'). There are three relative pronouns in Russian: **который**, **кто** and **что**.

Который

The most common relative pronoun, **который**, declines like an adjective. It can be used to refer to a person or object. It agrees in number and gender with the noun it is qualifying. The case of **который**, however, is determined by its function in the relative clause. If **который** is the subject of the relative clause, then it goes into the nom., as in the following example:

Это девушка, которая учится в МГУ.	'That is the girl who studies at Moscow University.'

Here both the antecedent (**девушка**) and the relative pronoun (**которая**) are in the nom. If **который** is the object of the relative clause, then it goes into the acc.:

Вот девушка, которую я люблю.	'There is the girl (whom) I love.'

Here, the antecedent is in the nom. (**девушка**), while the relative pronoun is in the acc. (**которую**).

Study the examples where the relative pronoun is in a f. sg. form (agreeing with **девушка**), but in different cases according to its function in the relative clause.

Я не знаю девушку, от которой ты получил письмо.	'I do not know the girl from whom you received the letter.' (gen.)
Я не знаю девушку, к которой ты подходил.	'I do not know the girl whom you approached.' (dat.)

| Я не знаю девушку, с которой ты разговаривал. | 'I do not know the girl with whom you were talking.' (inst.) |
| Я не знаю девушку, о которой ты говорил. | 'I do not know the girl about whom you were talking.' (prep.) |

Кто

For the use of **кто** as a relative pronoun, see Unit 5: *Relative clauses 2*.

Что

The relative pronoun **что** may only be used to refer to inanimate objects. Unlike **кто**, its use is not restricted to contexts where the antecedent is a pronoun. However, where the antecedent is a noun, it can only be used in the nominative or accusative cases. Like the relative pronouns **кто** and **который**, the case of **что** is determined by its grammatical function in the relative clause. (See also Unit 5: *Relative clauses 2.*)

| Мы встречаемся в ирланском баре, что на Арбате. | 'We are meeting in the Irish bar on the Arbat.' |

Exercise 2

Complete the following definitions and indicate to which object in the list below each of them refers.

Model: __ — листок, __ даёт право входа →
      Билет — листок, который даёт право входа

Objects: вечер, девушка, зима, кровать, ответ, отпуск, рыба, стол, фотоаппарат

1   __ — предмет мебели, на __ спят.
2   __ — молодая женщина, __ ещё не замужем
3   __ — предмет мебели, за __ сидят, едят, пишут и т.д.
4   __ — самое холодное время года, __ наступает после осени.
5   __ — аппарат, __ снимают фотографии.
6   __ — перерыв на отдых для людей, __ работают.
7   __ — слова, __ отвечают на вопрос.
8   __ — животное, __ живёт в воде.

Exercise 3

Match the following questions and answers.

1	Какая книга?	i	Которой ты всегда пишешь.
2	Какой автобус?	ii	Который она весь вечер читала.
3	Какой институт?	iii	Которую ты вчера читала.
4	Какие конфеты?	iv	В котором играла наша Катюша.
5	Какая ручка?	v	На котором мы вчера ехали.
6	Какой фильм?	vi	Из которого я уехал.
7	Какой журнал?	vii	Которые ты ела вчера вечером.
8	Какой город?	viii	В котором Володя учился.

Exercise 4

Complete the interview by supplying the appropriate answers to the questions from the list below.

Обозреватель «Эха Москвы» Андрей Черкизов беседовал с Наиной Ельциной.

Questions:
1 «ЭМ»: Слушайте, где вы так научились вальс танцевать?
2 «ЭМ»: Я, например, не умею так вальс танцевать. Где научились-то, скажите?
3 «ЭМ»: Когда у Вас такая минута, как говорят, душевной невзгоды, вы что делаете, читаете? У вас дома есть библиотека?
4 «ЭМ»: А кто книжник – Вы или Борис Николаевич?
5 «ЭМ»: А Вы вообще считали когда-нибудь, сколько у Вас книг в Вашей нынешней библиотеке?
6 «ЭМ»: А Вы или Борис Николаевич, вы на ночь что-то читаете перед сном? Что у Вас сегодня лежит на тумбочке прикроватной, какая книжка?
7 «ЭМ»: А что у Бориса Николаевича на прикроватной?

Answers:
i   Н. Ельцина: Нет. Мы как-то одно время стали картотеку составлять. В Свердловске начинали, но потом – переезд в Москву, а тут не было времени абсолютно. Нет, никогда не считали, даже не могу сказать.
ii Н. Ельцина: Знаете, я очень люблю вальсы, и Борис Николаевич очень любит. Особенно любит танцевать вальс-бостон.
iii Н. Ельцина: Есть, да, у нас большая библиотека.
iv Н. Ельцина: Последние дни, буквально, – собрание сочинений Пушкина. Вчера читала «Руслана и Людмилу»
v   Н. Ельцина: Книжник – Борис Николаевич.

vi   H. Ельцина: Он как-то в последнее время детективами увлекается. Совсем недавно он читал Агату Кристи.

vii   H. Ельцина: В институте. Мы учились вместе в институте, и в институте, по-моему, в наше время все студенты в основном танцевали вальс, танго, фокстрот. Это были наши танцы, которые я люблю до сих пор.

(МН, № 9 1997)

SOFTENING THE QUESTION

None of the above questions is a simple interrogative sentence, rather each is preceded by polite formulas, ranging from the engaging **А** to the more intimate **Слушайте**, drawing the response **Знаете, . . .** ('Well, you know . . .'). The particle -**то** is used as a polite yet insistent way of getting an answer:

— **Где научились-то, скажите?**   'But tell me, where did you learn?'

Exercise 5

Decide whether the statements below are true (T) or false (F) by consulting the text.

1   Борис Николаевич совсем не любит танцевать.
2   В данный момент Борис Николаевич увлекается художественной литературой.
3   В последнее время Борис Николаевич читает детективы.
4   На прикроватной тумбочке у Наины Ельциной лежит Агата Кристи.
5   Наина Ельцина научилась танцевать у Бориса Николаевича.

ASKING QUESTIONS: ли

There are several ways of asking a question in Russian:

• The question may be introduced with an interrogative word (**что, где, когда, как, откуда, . . .?**):

Кто здесь журналист?   'Who is the journalist here?'

• The question may be preceded by an introductory formula (**Скажите, Извините, Простите, . . .**):

Скажите, пожалуйста, кто здесь   'Excuse me, please, who is the
журналист?   journalist here?'

(See *Basic Russian*, Unit 22.)

- The question may be delivered as a statement with a concluding question mark (or, in speech, with an interrogative intonation):

  Вы ездили в Париж?　　　　　'Did you go to Paris?'

- A more formal way of asking a question is to use the interrogative particle **ли**:

  Пойдёте ли вы на демонстрацию　'Will you be going to the 7
  7 ноября?　　　　　　　　　　　November public meeting?'

Here the normal subject–verb word order of a statement (**Вы пойдёте**) is inverted and the interrogative particle **ли** inserted in between.

- **Ли** may appear as the second element in the question after the operative word or phrase:

  Вы ли журналист?　　　　　　　'Is it you who is the journalist?'
  Вы ли пойдёте на демонстрацию?　'Is it you who is (Are *you*) going to
  　　　　　　　　　　　　　　　　　the public meeting?'
  В Париж ли ездили?　　　　　　'Was it to Paris that you went?'

Exercise 6

Complete the following questions by selecting appropriate phrases from the list below. (All data published in «**Московские новости**», 1998–99.)

Phrases: готовы ли вы, можете ли вы, не боитесь ли вы, нравится ли вам, оказало ли, приходилось ли вам, считаете ли вы, ухудшилось ли

Архив опросов

1　__ или вашим родителям давать взятку при поступлении в вуз?
　Да: 17% Нет: 75.1% Не знаю: 7.9%

2　__ материальное положение вашей семьи в связи с экономическим
　кризисом в России?
　Да: 70.2% Нет: 19.7% Не знаю: 10%

3　__ с уверенностью сказать, что знаете наизусть хотя бы одно
　стихотворение А.С. Пушкина?
　Да: 60.6% Нет: 16.2% Не полностью: 23%

4　__ помочь больным детям
　деньгами: 40.2%, продуктами: 12%, уходом: 5.1%, не готовы: 42.5%

5　__ творчество Александра Солженицына влияние на ваше
　мировоззрение?
　Да: 47.2% Нет: 48.5% Не знаю: 4.1%

6　__ нынешний Государственный Гимн России?
　Да: 25% Нет: 31.4% Не испытываю от него никаких эмоций: 43.4%

7 ___ 8 марта праздником?
Да: 55.1% Нет: 42.4% Не решил: 2.3%
8 ___ после скандала в Европе пить кока-колу?
Да: 29.3% Нет: 61.2% Не знаю: 9.3%

INDEFINITE PARTICLES: -то and -нибудь

Both of the indeclinable particles -то and -нибудь express indefiniteness when added to interrogative pronouns or adverbs:

• *Indefinite pronouns*:

кто-то/кто-нибудь	'someone'
что-то/что-нибудь	'something'
какой-то/какой-нибудь	'some (sort of)'

• *Indefinite adverbs*:

где-то/где-нибудь	'somewhere'
куда-то/куда-нибудь	'(to) somewhere'
когда-то/когда-нибудь	'some time'
как-то/как-нибудь	'somehow'
откуда-то/откуда-нибудь	'from somewhere'
почему-то	'for some reason'

Both -то and -нибудь indicate indefiniteness, but -нибудь more so than -то:

Кто-то к вам приехал.	'Someone has come to see you.'
Если кто-нибудь придёт, скажите, что я вернусь завтра.	'If anyone calls, tell them I'll be back tomorrow.'

In the first example above it is known that someone has come, but the person's identity is either not known or not revealed. There is therefore an element of knowledge and an element of mystery. In the second of these two examples it is not known whether anyone will come: there is no definite knowledge. This illustrates how -нибудь is more indefinite than -то: there is always some element of knowledge in -то.

The following rules of thumb are useful in deciding when to use -то and when -нибудь:

• -то tends to be used in:
  – the present tense:

Кто-то стоит перед домом.	'Someone is standing in front of the house.'

  – the past tense:

Я её откуда-то знаю.	'I know her from somewhere.'

- **-нибудь** tends to be used in:
  - questions:

Вы что-нибудь написали?	'Have you written something (anything)?'

  - the future tense:

А она когда-нибудь скажет?	'And will she ever say?'

  - expressions of wish or desire (analogous to the future tense):

Сегодня мы обязательно хотели куда-нибудь пойти, и мы поехали в парк культуры и отдыха.	'Today we were dying to go out somewhere, and we went to the culture and recreation park.'

  - after the imperative:

Расскажите что-нибудь о себе.	'Tell (me, us) something about yourself.'

  - in conditional sentences:

Были бы деньги, съездил бы куда-нибудь.	'If I had the money I would go away somewhere.'

  - in subjunctive (**чтобы**) sentences:

Очень хочется, чтобы к нам кто-нибудь пришёл в гости.	'I would really like someone (somebody) to come over and visit us.'

The above, however, are only rules of thumb, and exceptions are common. Compare the following sentences, both in the past tense:

В семь часов вечера он всегда кому-*нибудь* звонил.	'At seven o'clock in the evening he would always phone someone.'

(anyone at all or different people every day)

В семь часов вечера он всегда кому-*то* звонил.	'At seven o'clock in the evening he would always phone someone.'

(the same person, some particular but unknown or unidentified person)

The indefinite pronouns combined with **-то** and **-нибудь** decline like their corresponding pronouns (**что, какой, кто**).

Exercise 7

Without looking back at the Naina Yeltsina interview, complete the following extract by inserting the indefinite pronoun and adverbs as appropriate from the list below.

Indefinite pronoun and adverbs: как-то, как-то, когда-нибудь, что-то

«ЭМ»: А Вы вообще считали __ (1), сколько у Вас книг в Вашей нынешней библиотеке?

Н. Ельцина: Нет. Мы __ (2) одно время стали картотеку составлять. В Свердловске начинали, но потом – переезд в Москву, а тут не было времени абсолютно. Нет, никогда не считали, даже не могу сказать.

«ЭМ»: А Вы или Борис Николаевич, вы на ночь __ (3) читаете перед сном? Что у Вас сегодня лежит на тумбочке прикроватной, какая книжка?

Н. Ельцина: Последние дни, буквально, – собрание сочинений Пушкина. Вчера читала «Руслана и Людмилу»

«ЭМ»: А что у Бориса Николаевича на прикроватной?

Н. Ельцина: Он __ (4) в последнее время детективами увлекается. Совсем недавно он читал Агату Кристи.

Exercise 8

Complete the following sentences by inserting the particle **-то** or **-нибудь** as appropriate.

1 Он пойдёт к старому актёру Волобееву, полубезумному восьмидесятилетнему старику, который играл не где-(1), а во МХАТе.
2 Отец Виталия очень раздражался, когда терял что-(2), не находил на том месте, где ЭТО должно быть.
3 У неё когда-(3) была семья, были муж и дочь.
4 И лицо её было весёлым, и голос был весёлым, и глаза были весёлыми, но что-(4) было – не то.*

* **не то** = not quite right

(All sentences from **Сл., ДН, июнь** 1999)

Exercise 9

Complete the following sentences by inserting as appropriate forms of **-то** and **-нибудь** from the list below.

Indefinite adverbs: как-то, когда-нибудь, когда-то, почему-то

1 Вы ели __ картофельное пюре, запечённое в апельсиновой корке?
2 Кажется, тут ничего не изменилось со времён Советской власти. Колхоз имени Калинина так и остался колхозом имени Калинина. На правлении висит __ красный, а ныне выцветший до бледно-розового лозунг «Работать сегодня лучше, чем вчера, а завтра лучше, чем сегодня».

3 Дача у Седова совсем неподалёку, в трёх километрах от его основного жилища. Там ___ жила его мама, а теперь «дача» Седова.

4 Промеж себя селяне в разговорах у колодца своё бедственное положение открыто обсуждают, но на колхозном собрании ___ отмалчиваются.

(О, май 1999)

Exercise 10

Complete the following sentences by inserting the appropriate forms of **какой-то, кто-то, что-нибудь** and **что-то**.

1 Мазепу очень скоро арестовали как врага народа, и по всему городу пронёсся слух, что он действительно в ___ сознался.

2 ___ вздумал подшутить над этой дамой и подарил ей рецепт, якобы завещанный неким генералом Дуракиным.

3 Коллеги внимательно слушают, кивают головами, ___ старательно записывают в толстых блокнотах.

4 Выпили изрядно, и вдруг ___ предложил: – А давайте запишемся добровольцами, защищать кубинскую революцию!

5 «А вам не жалко Бориса Николаевича?»
— Ельцин старый уже, молодёжи место не уступает. Лучше бы на его месте был ___ другой, типа Лужкова.
— Провокационный вопрос! Я милиционер и должен всегда лояльно относиться к власти. Хотя лично я не уверен, что отставка Ельцина ___ изменит.

Exercise 11

Insert appropriate pronouns or adverbs with **-то/-нибудь** in the following sentences.

1 ___ прошёл по коридору.

2 ___ пойдёт сегодня вечером на стадион?

3 Вы ___ слышали об этом?

4 — Кто написал это стихотворение? — ___ поэт.

5 К сожалению, я не знаю, как доехать до вокзала. — Спросите ___ милиционера.

6 ___ здесь лежала моя книга.

7 ___ из-за деревьев слышалось пение.

8 ___ этот мальчик, который мечтает стать космонавтом, полетит к далёким мирам.

UNIT FIVE
Identifying and describing people

RELATIVE CLAUSES 2: который, кто

To express the idea 'the one who', Russian uses the demonstrative pronouns тот, та, те, followed by the relative pronouns который or кто.

The relative pronoun который, which declines like an adjective, agrees in number and gender with its antecedent (тот, та or те), but its case is determined by its function in the relative clause (see Unit 4: *Relative clauses 1*):

Тот, который из Питера, мой приятель.	'The one who is from Petersburg is my my friend.' (nom., m., sg.)
Та, которую ты видела, её сестра.	'The one you saw is her sister.' (acc., f., sg.)

Кто as a relative pronoun can be used regardless of the gender or number of its antecedent:

Певица — это та, кто поёт.	'A singer is someone who sings.'
Те, кто там был, иностранцы.	'Those who were there were foreigners.'
Те, кто в Россию ездили, понимают.	'Those who have been to Russia understand.'

Кто always takes a masculine predicate (был), even when the antecedent is not masculine, as in the first example. Note from the other two examples that where there is a plural antecedent (те), then кто may take either a singular or plural predicate (был, ездили).

As with который, the case of кто is determined by its function in the relative clause:

Тот, у кого я жил, переехал в Москву.	'The person with whom I lived has moved to Moscow.' (gen.)
Я писал только тем, от кого я письма получил.	'I only wrote to those from whom I received letters.' (gen.)

(See also Unit 4: *Relative clauses 1*.)

Exercise 1

Make sentences according to the model.

Model: Какой человек? (из Москвы) →
　　　　Тот, который из Москвы.

1 Какая девушка? (учиться, в МГУ)
2 Какой молодой человек? (служить (past), в Афганистане)
3 Какие дети? (играть, вместе с Сашей)
4 Какая женщина? (танцевать (past), с тобой)
5 Какие Ивановы? (жить, в соседнем доме)
6 Какой мальчик? (всегда, играть, в футбол)

Exercise 2

Write definitions for each of the following professions/occupations. Select appropriate verbs from the list supplied below.

Model: ＿＿ детей, — учитель. →
　　　　Тот, кто учит детей, — учитель.

Verbs: дирижировать, ездить, защищать, играть, лечить, ловить, смотреть, танцевать, учиться

1 ＿＿, — дирижёр.
2 ＿＿ рыбу, — рыбак.
3 ＿＿, — артист балета.
4 ＿＿ больных, — врач.
5 ＿＿ спектакль, концерт, фильм — зритель.
6 ＿＿ в карты, — игрок.
7 ＿＿ на велосипеде, — велосипедист.
8 ＿＿ в аспирантуре, — аспирант или аспирантка.
9 ＿＿ интересы подсудимого, — адвокат.

Exercise 3

Answer the questions by selecting the appropriate phrase from those provided below, and then put it into the correct form, as in the model.

Model: Кто такой музыкант? →
　　　　Музыкант — это тот, кто играет на музыкальном
　　　　инструменте.

Phrases: лечить больных; писать стихи; учиться в школе; работать в газете; любить и уметь петь

1   Кто такой певец?
2   Кто такой врач?
3   Кто такой журналист?
4   Кто такой поэт?
5   Кто такой школьник?

Exercise 4

Match the questions with the answers.

1	О какой певице?	i	Те, которых учил Вадим Максимович.
2	О каких русских он пишет статью?	ii	У тех, кто предложил мне комнату.
3	Ты у кого жил?	iii	С теми, кто ей нравился.
4	От кого ты получила приглашение?	iv	Тех, у кого большие карие глаза.
5	Каких девушек ты больше всего любишь?	v	О тех, которые имеют большие деньги!
6	Какие студенты?	vi	От того, которого я пригласила в прошлом году.
7	Кому ты пишешь?	vii	О той, которая пела на вчерашнем концерте.
8	С кем она жила?	viii	Той, от которой я получила подарки.

Exercise 5

Answer the questions using an appropriate form of the relative pronoun **который**.

Model: Ты какой фильм смотрел? Фильм, в (который) — играла Маша. →
Фильм, в котором играла Маша.

1   Вы о какой книге? О той книге, (который) — лежала на столе.
2   Вы какую статью читали? Ту статью, (который) — написал твой друг Серёжа.
3   Ты из какой группы? Из той группы, (который) — ездила в Рим.
4   Ты о какой гостинице говоришь? О той гостинице, (который) — ещё строят.
5   Они какие лавки имели в виду? Те лавки, (который) — стоят возле Белорусского вокзала.
6   Ты в каком ресторане обедал? В том ресторане, (который) — находится недалеко от квартиры.

HE WHO/WHOEVER: тот, кто

Кто on its own may stand for **тот, кто**, with the meaning 'he who' or 'whoever', as in proverbs and sayings:

Кто спит с собаками, встаёт с блохами.	'He who (Whoever) sleeps with dogs gets up with fleas.'

Often the **тот** part of the sentence will come at the beginning of a separate clause:

Кто умеет, тот и делает.	'He who can, does.'

Exercise 6

Match the beginnings and ends of the following Russian sayings.

1	Кто много обещает,	i	редко не укусит.
2	Кто много имеет,	ii	тот пьян не живёт.
3	Кто много целует,	iii	тот и делает.
4	Кто умеет,	iv	больше ещё хочет.
5	Кто пива не пьёт,	v	встаёт с блохами.
6	Кто спит с собаками,	vi	тот мало даёт.
7	Кто не с нами,	vii	тот скоро и плачет.
8	Кто скоро смеётся,	viii	тот против нас.

THE INTERROGATIVE AND CONJUNCTION: как

Как in Russian performs numerous functions, some of which are looked at in this unit. The interrogative **как** is used in questions which elicit:

- someone's opinion, as in the 'Kronosquartet' text below (Exercise 11):

Как Вы относитесь к хаус-музыке?	'What is your opinion of house music?'

or in the introductory formula to a question:

Как вы думаете, в Москве много китайцев?	'What do you think, are there a lot of Chinese people in Moscow?'

(See *Basic Russian*, Unit 22.)

- 'how' someone is feeling:

Как вы себя чувствуете?	'How are you feeling?'
(See Unit 1.)	

- directions on how to get somewhere:

Как мне попасть на Тверской бульвар?	'How do I get to Tverskoy Boulevard?'

The conjunction **как** is used to co-ordinate two phrases and express:

- comparison (**как, как и**):

белый как снег	'white as snow'
Как и все мужчины в династии Романовых, Георгий мечтает стать военным.	'Like all the men in the Romanov dynasty, Georgiy dreams of becoming a military man.'

- the notion of 'in what guise', 'as what' or 'in what capacity' someone or something is perceived:

Газ используют как топливо.	'Gas is used as fuel.'
Вернувшись в Россию, [Вертинский] стал популярен как актёр и певец.	'After his return to Russia, [Vertinskiy] became popular as an actor and singer.'
Псевдоним Кулешов так прирос к нему, что и хоронили его как Кулешова.	'The pseudonym Kuleshov became so attached to him that he was buried as Kuleshov.'

Кулешова is in the acc. because the phrase **как Кулешова** stands in apposition to (**хоронили**) **его**: both refer to the same person.

Говорю с ним как с другом.	'I am speaking to him as a friend.'

(See Unit 9.)

Exercise 7

Match the beginnings and ends of the sentences so that they make sense.

1	Надо, наоборот, число бесплатных студентов увеличить со 170 до 300,	i	как обезьяна при виде зеркала.
2	Когда сумасшедший встречается с другим сумасшедшим, приходит в ярость,	ii	как у тётки.
3	Мне тоже,	iii	как и все без исключения певцы рэггей с Ямайки, никогда не пел про СССР.
4	Аллах для нас, как и для тебя,	iv	как в развитых странах.

5 Факт почти необъяснимый,
   но факт — Джимми Клифф,

6 Нам ещё повезло: у нас дом
   в деревне в Тверской
   области, а не под Москвой,

v Бог людей, Всемилостивейший
   и Милосердный.

vi как и ему, 31 год.

Exercise 8

Complete the sentences by inserting the appropriate phrase from the list below.

Phrases: как неземные холодные красавицы, как Фрейд, как резиновые перчатки, как и многие современные композиторы, как никогда, как и предыдущая, как всегда

1 Старый Голливуд примерно до 60-х годов заставлял актрис выглядеть __, которым нет дела до земных проблем.
2 Престиж образования в России высок, __.
3 Я воспитан на этой музыке, __, которых мы исполняем. Классика всегда у нас в сердце.
4 Другие, __, например, считают человека тем же животным, каким он был в «орде».
5 В Гааге завершила работу Вторая мирная конференция, она, __, была созвана по инициативе России.
6 Те калоши просто резиновые, надеваются на ботинки __.
7 Так что всё __ — конкуренция идёт не на уровне специальности, а на уровне качества диплома.

Exercise 9

Complete the sentences by inserting the appropriate phrase from the list below.

Phrases: как зритель, как редактор-составитель А.П. Нолле, как пианист, как врага народа, как японский шпион, как человеку призывного возраста, как Александр Кулешов

1 Через год после ареста Мейерхольд был расстрелян __.
2 Смотрю на них __, без каких-то особых эмоций.
3 Мазепу очень скоро арестовали __, и по всему городу пронёсся слух, что он действительно в чём-то сознался.
4 Что нас ждёт [в армии]? Грандиозные стройки, бесчисленные конфликты и войны. И по мне, __, это особенно больно ударит.
5 А.П. фигурировал в этих сборниках сразу в двух ипостасях __, один из авторов, и __.

6   Франтц — человек неиссякаемой энергии. Помимо «Филармонии
наций» он работает с Лондонским филармоническим оркестром,
возглавляет фестивали, гастролирует__.

Exercise 10

Pre-reading exercise. Complete the following sentences by inserting the
appropriate words or phrases in the correct form from the list below.

Words and phrases: быть тронут (чем-то), волновать, воображение,
воспринимать, исполнитель, общаться, приучить (к чему-то)

1   Меня в армии __ к порядку.
2   Больного нельзя __.
3   Он и композитор и __ своих песен, то есть их пишет и поёт.
4   Она всегда одна. Ни с кем не __.
5   У этого студента очень творческое __.
6   Его музыка сложна. Её трудно __.
7   Я была очень __ судьбой ребёнка.

Exercise 11

Complete the interview by supplying the appropriate answers to the questions
from the list below.

Kronosquartet

Questions:
1   ПТЮЧ: Ваши впечатления об артистической Москве?
2   П: Какую музыку и исполнителей Вы слушаете?
3   П: Есть ли желание играть классический репертуар?
4   П: Какова связь Вашей музыки с джазом?
5   П: Для какой публики Вы играете?
6   П: Насколько сложно воспринимать звуки, которые были написаны
очень давно, абсолютно чужие для Вас? Трудно ли приучить себя к
ним?
7   П: К какому жанру Вы сами себя относите?
8   П: Как Вы относитесь к хаус-музыке?

Answers:
i   ДЭВИД: Джаз и рок-н-ролл, Монсеррат Кабалье, пакистанских
суфийскиэ певцов . . . Да всю музыку, одним словом!
ii   Д: Прямая: и Терри Райли, и Джон Зорн — джазовые
композиторы.

iii   Д: Я воспитан на этой музыке, как и многие современные
композиторы, которых мы исполняем. Классика всегда у нас в
сердце.

iv   Д: Иногда музыка звучит так странно, что кажется, она будто из
другого мира. К счастью, мы имеем возможность общаться с
теми, для кого эта музыка родная, и это здорово нам помогает.
Мы ведь понимаем, что хотел сказать Моцарт или Бетховен.
Почему же в 1998 году мы должны чувствовать себя ближе к
менуэту, чем к Вьетнаму? Нужно только включить воображение.

v   Д: Да, мне нравится хаус, но я недостаточно хорошо знаком с
ним. Я слышал довольно много этой музыки, но мне надо, чтобы
кто-нибудь сел со мной и познакомил меня с этой музыкой
поближе.

vi   Д: Для любой! Потому что любому интересно услышать то, что он
никогда не слышал.

vii   Д: Мы очень тронуты приёмом московской публики. Эти люди
понимают музыку и готовы слушать ее бесконечно.

viii   Д: Понятия не имею. Этот вопрос меня никогда не волновал.
Если завтра нам захочется играть техно или музыку румынских
цыган — что поделать!

(Пт., май 1998)

Exercise 12

Select whether the following statements are true (T) or false (F) by consulting
the text.

1   Кронос квартет не доволен приёмом московской публики.
2   Дэвид слушает только джаз и рок-н-ролл.
3   По мнению Дэвида, людям интересно слушать то, что им совсем
новое.
4   Не исключено, что квартет когда-нибудь будет играть музыку
румынских цыган.
5   С хаус-музыкой Дэвид хорошо знаком.

UNIT SIX
Going places

In this unit we look at the most common present and past tense usages of the verbs of motion **идти/ходить** and **ехать/ездить**. The following points are important:

- **Ехать/ездить** refer to movement not carried out on foot (in a car, on a bicycle, etc.), while **идти/ходить** refer primarily to motion carried out on foot. **Ходить** may also refer to going in a general sense (attending) – such as **Я хожу в школу** ('I go to (attend) school') – although the person may take the metro, bus, etc., to get there.

- While all four verbs **идти/ходить** and **ехать/ездить** are imperfective, only the first in each pair, **идти** and **ехать**, indicates movement taking place at a given time. Thus, **Я иду в школу** ('I am going (walking) to school') means the person is *on his or her way* to school. Similarly, **Я еду на работу** ('I am going (travelling) to work') means that the person is *on his or her way* to work.

The second verb in each pair, **ходить** and **ездить**, is used for general meanings of going or coming, including:

- movement in several directions:

Мы ездили по стране.	'We travelled around the country.'
Учитель ходит по классу.	'The teacher is walking around the classroom.'

- going somewhere regularly:

— **Зачем вы вообще на работу ходите, раз полтора года денег не платят?**	'Why do you go to work at all when you have not been paid for a year and a half?'

- the ability to walk:

Ребёнок уже ходит.	'The child is already walking.'

- 'attending' or 'being at':

Я хожу в школу, институт, университет, . . .	'I go to/attend/am at school, college, university, . . .'

PRESENT TENSE USAGE OF идти AND ходить

идти в/на + acc.

- On one's way:

Я иду в университет.	'I am going to college.'

means that you are on your way there.

- Future:

Сегодня идём в цирк.	'We are going to the circus today.'

where **идти** in the present refers to a future action.

ходить в/на + acc.

- Going somewhere regularly:

Я хожу в университет каждый день.	'I go to college every day.'

emphasises the regularity of the action.

- 'Attending' or 'being at':

Я хожу в университет.	'I am going to/attend/am at college.'

means that you attend college.

Exercise 1

Re-order the following dialogues so that they make sense, inserting the appropriate form of **идти** or **ходить** in the present tense in the gaps.

1 a А почему так рано?
   b Привет! Куда ты —?
   c Домой.
   d Плохо себя чувствую.
2 a А чем она там занимается?
   b Наташа — в консерваторию.
   c По-моему, виолончелью.

3   a   Хорошо. До встречи.
    b   В магазин.
    c   Куда ты __?
    d   Пока.
4   a   __ в театр.
    b   На «Чайку».
    c   Какие у вас планы на сегодня?
    d   На что?
5   a   А далеко находится?
    b   Да. В последнее время часто __ в поликлинику.
    c   Нет, совсем рядом.
    d   Ты болен?
6   a   Скоро экзамены. Надо позаниматься.
    b   Каждый день __ в библиотеку.
    c   А почему так часто?
    d   Понял.
7   a   Нет. __ в гости.
    b   Саш, ты сегодня вечером свободен?
    c   Понятно.

PRESENT TENSE USAGE OF ехать AND ездить

ехать в/на + acc.

* On one's way:

Президент в этот момент едет в Кремль.	'At this moment the president is on his way to the Kremlin.'

means that he is actually going (being driven) there this very moment.

* Future:

Летом едем во Францию.	'This summer we are going to France.'

where **ехать** in the present refers to a future action.

ездить в/на + acc.

* Going somewhere regularly:

Каждый год мы ездим в Ялту.	'Every year we go (on holiday) to Yalta.'

emphasises the regularity of the action. You are not referring to what is happening at that moment.

Exercise 2

Re-order the following dialogues so that they make sense, inserting the appropriate form of **ехать** or **ездить** in the present tense in the gaps.

1   a   А что у тебя там? Работа?
    b   Нет, завтра __ в Киев.
    c   Нет. Друзья.
    e   Понятно.
    f   Ты завтра будешь на собрании?
2   a   А часто вы __ туда?
    b   Летом мы __ отдыхать на Волгу.
    c   Понятно.
    d   Да. Каждое лето.
3   a   В Ярославль.
    b   Пожалуйста, ваш билет.
    c   С вас тридцать пять рублей.
    d   А куда вы __?
    e   У меня нет билета.
4   a   А куда он __?
    b   А часто рыбу приносит домой?
    c   Говорит, на дачу. Там река рядом.
    d   Нет. Почти никогда.
    e   По субботам мужа нет. Он __ ловить рыбу.
5   a   А летом?
    b   Конечно.
    c   Летом обычно __ на юг.
    d   Осенью мы часто __ в деревню за грибами.
    e   Отдыхать?
6   a   Пожалуйста.
    b   Спасибо! Ничего не видел!
    c   Осторожно! __ машина!

PAST TENSE USAGE OF идти AND ходить

A common past tense usage of **идти** (**шёл, шла, шло, шли**) is 'to be on one's way somewhere':

Когда я шёл на работу, я купил   'On my way to work I bought a
газету.   newspaper.'

A common past tense usage of **ходить** is to state in a general way where someone has recently gone or been (see *Basic Russian*, Unit 23):

| Вчера мы ходили в театр. | 'We were at the theatre yesterday.' |
| Ты ходил сегодня в институт? | 'Did you go to (were you at) college today?' |

Ходить in this past tense usage has the same meaning as **быть**: **Вчера мы были в театре** and **Ты сегодня был в институте?**

Exercise 3

Replace **по пути** with the appropriate form of **идти** in the past as in the model.

Model: По пути домой я встретил Джона. →
         Когда я шёл домой, я встретил Джона.

1   По пути на рынок он беседовал с соседкой.
2   По пути в институт я встретила Марка.
3   По пути на работу я говорил с Леной.
4   По пути в метро он купил цветы.
5   По пути в университет мы зашли в аптеку.
6   По пути домой она зашла в магазин.
7   По пути на реку они собирали грибы.

Exercise 4

Rewrite the following sentences using the verb **ходить**.

Model: Вчера мы были на концерте.
         Вчера мы ходили на концерт.

1   Вчера они были в центре.
2   А где вы были в четверг вечером?
3   Утром она была в институте.
4   Мы позавчера были в кино.
5   Он был на лекции?
6   Женя была вчера на дискотеке.

Exercise 5

Insert the appropriate past tense form of **идти** or **ходить** in the following sentences.

1   Миша __ в институт пять лет.
2   Вчера я __ домой, когда вдруг увидела своего старого приятеля.
3   Мы вчера __ на выставку современного русского искусства.
4   Соня __ в университет и разговаривала с подругой.

5   Они __ в парк, когда поднялся сильный ветер.
6   Молоко есть. Я уже __ в магазин.

PAST TENSE USAGE OF ехать AND ездить

A common past tense usage of **ехать** is 'to be on one's way somewhere':

Когда я ехал на работу, я   'On my way to work I saw a friend of
увидел своего друга.   mine.'

A common past tense usage of **ездить** is to state in a general way where someone has recently gone or been, but where the journey could not have taken place by foot (see *Basic Russian*, Unit 23). Thus, **ездить** in the past is often used to mean going somewhere far away, or going on holiday:

Летом она ездила в Крым.   'She went to the Crimea this summer (on
                                   her holidays).'

Ездить in this usage is similar in meaning to **быть**:

Летом она была в Крыму.   'She was in the Crimea this summer.'

Exercise 6

(a) Replace **по дороге** with the appropriate form of **ехать** in the past as in the model.

Model: По дороге домой я встретила Сашу. →
        Когда я ехала домой, я встретила Сашу.

(b) Complete the sentences by choosing your answers from the list of phrases below.

Phrases: застряла в пробке, интереснейший роман, как изменились наши края, разговаривал с министром, со старым другом

1   По дороге в город мы увидели из окна машины, __
2   По дороге в больницу машина скорой помощи __
3   По дороге в центр я читала __
4   По дороге на работу я столкнулся __
5   По дороге в Министерство шофёр __

Exercise 7

Re-write the following sentences using the verb **ездить**.

1   Вы были когда-нибудь в России?
2   Летом мы были на Чёрном море.

3   Мы недавно были в отпуске на Канарских островах.
4   Коммерческий директор был в командировке в Венгрии.
5   Аня была в Соединённых Штатах в 1999 году.
6   Валерий Петрович уже был в Киеве.

VERBS OF MOTION IN THE FUTURE: пойти AND прийти

Note the following perfective verbs of motion (future meaning):

*   пойти ('to go'): пойду, пойдёшь, пойдёт . . . пойдут
*   поехать ('to go'): поеду, поедешь . . . поедут
*   прийти ('to come', 'to arrive'): приду, придёшь, придёт . . . придут
*   приехать ('to come', 'to arrive'): приеду, приедешь . . . приедут

'IF' AND 'WHEN' (NAMING CONDITIONS): когда, если, как только

When когда means 'whenever' (every time that something happens/ happened), both the когда clause and the main clause go into the present or imperfective past tense:

Когда вода тёплая, мы купаемся.	'When (whenever, if, if ever) the water is warm we go for a swim.'
Когда вода была тёплой, мы купались.	'When (whenever, if, if ever) the water was warm we'd go for a swim.'

When когда means 'as soon as', the verb in the когда clause goes into the future tense, while the verb in the main clause goes either into the perfective imperative:

Когда он придёт, позвони мне.	'When (as soon as) he comes, ring me.'

or into the future tense:

Когда она придёт, я пойду домой.	'When (as soon as) she comes, I am going home.'

Если ('if') and как только ('as soon as') behave in the same way as this second usage of когда:

*   Если: future + perfective imperative:

Если он придёт, позвони мне.	'If he comes, ring me.'

*   Если: future + future:

Если она придёт, я пойду домой.	'If she comes, I am going home.'

- **Как только**: future + perfective imperative:

  Как только он придёт, позвони мне.   'As soon as he comes, ring me.'

- **Как только**: future + future:

  Как только она придёт, я пойду   'As soon as she comes, I'm off
  домой.   home.'

Conditional and main clauses in Russian *must* be separated by a comma.

Exercise 8

Match the clauses in both columns so that they make sense.

1	Когда вода тёплая,	i	я сплю на диване!
2	Когда идёт интересный фильм,	ii	все веселятся.
3	Когда дети в школе,	iii	мы купаемся.
4	Когда на работе директора нет,	iv	я хожу в кино.
5	Когда у нас дома гости,	v	улицы становятся опасными.
6	Когда снег идёт,	vi	родители работают.

Exercise 9

Put the verbs in brackets into the correct form.

Model: Когда он (приехать) —, я тебе (сказать) —. →
        Когда он приедет, я тебе скажу.

1   Когда я (получить) — зарплату, (отдать) — тебе долг.
2   Когда мальчик (подрасти) —, он (стать) — футболистом.
3   Когда (он: закончить) — университет, он (начать) — работать.
4   Когда мне (исполниться) — восемнадцать лет, я (смочь) — голосовать.
5   Когда (научиться) — говорить по-французски, (найти) — себе работу во французской фирме.
6   Когда (научиться) — водить машину, (купить) — себе подержанные «Жигули».
7   Когда (кончиться) — лето, дети (вернуться) — в школу.
8   Когда (ты: услышать) — её голос, (ты: понять) — меня.
9   Когда я (приехать) — в Москву, я вам (написать) —.

Exercise 10

Insert appropriate verbs in the spaces provided. Select the verbs from the list supplied below.

Model: Когда напишу письмо, я __ на почту. →
        Когда напишу письмо, я пойду на почту.

Verbs: встретить, закрыть, купить, отдохнуть, передать, повесить, показать, прийти

1   Когда нарисую картину, я её тебе __.
2   Когда __ газету, я посмотрю радиопрограмму.
3   Когда куплю картину, я __ её на стену.
4   Когда ты __, я тебе всё расскажу.
5   Когда я __ друга в библиотеке, мы пойдём в кафе.
6   Когда мы увидимся, я тебе __ посылку.
7   Когда кончится лекция, они __ аудиторию.
8   Когда вы устанете, мы __.

Exercise 11

Respond to the following requests according to the model.

Model: — Позвони нам, пожалуйста, когда приедешь домой.
        — Да, конечно. Как только __, сразу же __. →
        — Позвони нам, пожалуйста, когда приедешь домой.
        — Да, конечно. Как только приеду, сразу же позвоню.

1   Когда появится новая книга, купи мне один экземпляр.
    Да, конечно. Как только __, сразу же __.
2   Когда приедешь в Москву, пришли мне телеграмму.
    Да, конечно. Как только __, сразу же __.
3   Когда сдадите экзамены, приезжайте к нам в гости.
    Да, конечно. Как только __, сразу же __.
4   Когда статья выйдет из печати, пришли нам несколько экземпляров.
    Да, конечно. Как только __, сразу же __.
5   Приходи к нам, когда кончится сессия.
    Да, конечно. Как только __, сразу же __.
6   Сообщи нам, когда узнаешь результаты.
    Да, конечно. Как только __, сразу же __.
7   Сообщи родителям о поездке, когда договоришься с братом.
    Да, конечно. Как только __, сразу же __.

Exercise 12

Put the verbs in brackets in the appropriate form as in the model.

Model: Если дождь (пойти)__, я не (прийти) __. →
        Если дождь пойдёт, я не приду.

1   Если он (прийти) __, я (остаться) __ дома.
2   Если Людмила (сказать) __, я (сделать) __.
3   Если погода (измениться) __ к лучшему, мы (поехать) __.
4   Если он (победить) __ на выборах, (стать) __ президентом.
5   Если ты столько (съесть) __, (стать) __ толстым.
6   Если ты (заработать) __ достаточно денег, (смочь) __ купить себе новый костюм.
7   Если ты (пойти) __ туда, (увидеть) __ его.
8   Если (опубликовать) __ твою книгу, (стать) __ известным.
9   Если (быть) __ возможность, я тебе (позвонить) __.

Exercise 13

Insert appropriate verbs in the spaces provided. Select the verbs from the list supplied below.

Model: Если не __ дождя, мы __ за город. →
         Если не будет дождя, мы поедем за город.

Verbs: быть (×2), возникнуть, закрыть, надеть, опоздать, понравиться, приехать, прийти, пойти, помочь, понять, посетить, сказать, спросить, уйти

1   Если вы __ в Москву, обязательно __ Кремль.
2   Если поезд не __, мы __ на концерт.
3   Ты __ преподавателя, если не __ текст?
4   Если __ холодно, вы __ окно.
5   Если я __ на концерт, я __ тебе об этом.
6   Если __ проблемы, я тебе __.
7   Если сегодня __ холодно, я __ пальто.
8   Если пьеса не __, я __ во время антракта.

Exercise 14

Complete the sentences below as in the model.

Model: Если (он: позвонить) __, (ты: позвать) __ меня! →
         Если он позвонит, позови меня!

1   Если что, (ты: позвонить) __!
2   Если Юра (прийти) __, (ты: позвать) __ меня.
3   Если она (сказать) __ слово, (ты: сделать) __ немедленно!
4   Если тебе (они: дать) __ деньги, (купить) __ сразу!
5   Если дверь (быть) __ открыта, (войти) __.
6   Если вам (они: предложить) __ работу, (отказаться) __!
7   Если (они: попросить) __ тебя спеть песню, (спеть) __!

Exercise 15

Match the columns to complete the following Russian sayings; N.B. коли = если; надобно = надо

1	Если хочешь мира,	i	играют мыши по столу.
2	Коли пьян,	ii	не надобно много спать.
3	Коли нет кота в дому,	iii	не ходи через воду.
4	Коли хочешь много знать,	iv	не надобно шпор.
5	Когда лошадь бежит,	v	будь готов к войне.
6	Когда не видишь дна,	vi	так спи.

UNIT SEVEN
Keeping a diary

Exercise 1

Match the following nouns and adjectives to form acceptable collocations. (A collocation is a group of two or more words which often occur together; think of the English 'blue jeans', 'city slicker', 'fair maiden', . . .)

Adjectives: белая, глухая, городской, деревянный, длинная, мужские, православная, садовая, спортивная, страшный
Nouns: брюки, верёвка, забор, калитка, куртка, лебедь, парк, сон, улица, церковь

Exercise 2

Match the following verbs and noun phrases to form acceptable collocations.

Verbs: видеть, играть, кататься, кричать, носить, плыть, привязать, ходить
Noun phrases: брюки, в куртке, в шахматы, верёвкой, во сне, на колесе смеха, на пароходе, ура

Exercise 3

Read the following text, written by the nine-year-old Trifonov. Be warned that it contains certain infelicities of style and a dubious grasp of Russian punctuation conventions. Insert appropriate words/phrases in the spaces provided. Select your answers from the list supplied below.

Words: брюки, веселились, калитка, парк культуры и отдыха, переулкам, привязал, приснился, смеха

31 августа 1934 г. Сегодня я встал рано, мне делать стало нечего и я начал читать книжку «Дикие малыши». И читал до тех пор пока Ундик не вошёл в комнату.

12 сентября 1934 Сегодня мы обязательно хотели куда-нибудь пойти, и мы поехали в __ (1) и там ходили в зверинец и я катался на колесе __ (2). А обратно мы ехали тоже на пароходе.

24 ноября 1934 Сегодня мне купили __ (3) и куртку, а Тане моей сестре матроску со штанами и лебедя. Потом пришёл Эля и Ксения Васильевна и мы пошли гулять по Москве, ходили по разным глухим __ (4) и пришли домой уже к обеду. Потом пришла Женя с Наташей и мы __ (5), играли, бегали, кричали Э! Э! Э! Потом я играл с Женей и Тингой. После они ушли и мы легли спать.

27 декабря 1934 Сегодня мне __ (6) сон: как будто мы с Таней потерялись. Я подошёл к милиционеру спросил Скажите как можно пройти к дому правительства а он ответил К Востоку. Мы пошли к востоку и наткнулись на старую разрушенную церковь. Мы дошли до её забора: __ (7) была заперта и я с Таней хотели перелезть через забор, но я боялся как бы её кто-нибудь не взял, и я её __ (8) на верёвку, но когда я перелез через забор была не Таня а сосулька.

Это поразительный сон! В нём зашифрована судьба.

THE SEQUENCING OF EVENTS

These short diary entries contain many elements which are common to all stories. In this unit we focus on the use of adverbs of time, the perfective aspect and verbs of motion to sequence and structure narratives.

ADVERBS OF TIME: когда, пока/пока не

Exercise 4

Find all adverbs of time in the diary entries above and classify them as (a) single word, (b) phrase or (c) clause.

Когда

The most widely used conjunction associated with time is **когда** (see Unit 6). This conjunction may be used to make explicit the sequence of two events; it may also be used to say that two events happened concurrently or that two events occurred repeatedly. The uses of **когда** and the past tense may be summarised as follows:

imperfective + imperfective = two concurrent activities or two repeatedly recurring activities	**Когда мама убирала комнату,**	**папа смотрел ТВ.**
imperfective + perfective = one activity interrupted by an event	**Когда мама убирала комнату,**	**зазвонил телефон.**
perfective + perfective = two consecutive events	**Когда я перелез через забор,**	**я увидел Таню.**
perfective + imperfective = one event + a state	**Когда я перелез через забор,**	**была не Таня, а сосулька.**

Exercise 5

Select the appropriate aspect in the following sentences.

1   А когда началась Великая Отечественная война, он (отправлялся — отправился) на фронт добровольцем.

2   В 1981-м, когда Андрей писал диплом, у них (рождался — родился) мальчик Саша.

3   Его бабушка родилась в Кронштадте, а он был сыном эмигрантов, которые (покидали — покинули) советскую Россию в 1922 году, когда ему было 14 лет.

4   Мне (шёл — пошёл) седьмой год, когда мы решили вернуться в Америку.

5   Я плохо помню отца, потому что, когда его (брали—взяли) в армию, мне было полтора года.

6   Сегодня мама ходила в школу, а когда (приходила — пришла), то (приносила — принесла) бумагу на которой были написаны мои отметки.

7   Славяне были очень добрые люди, они хорошо и ласково обращались со своими слугами. Когда к ним (приходил — пришёл) какой-нибудь бедный странник, они ласково (принимали — приняли) его и хорошо (угощали — угостили).

Пока/пока не

The conjunction **пока** means 'while', 'for as long as'. The verb in the subordinate clause introduced by **пока** will invariably be in the imperfective aspect:

| Пока шёл дождь, мы сидели дома. | 'We stayed at home while the rain lasted.' |

The conjunction **пока ... не** means 'until'. The verb in the subordinate clause will invariably be in the perfective aspect as it refers to a transitional moment, the end of one state or activity brought about by the onset of another:

| Он ходил по парку, пока не устал. | 'He walked in the park until he grew tired.' |

The compound conjunction **до тех пор пока ... не** is equivalent to the English 'until such time as'. As with **пока не**, the verb in the subordinate clause will be in the perfective:

| Говорил до тех пор, пока его не прервали. | 'He carried on speaking until he was interrupted.' |

Note that **пока** also has an adverbial use when it means 'for the time being', 'at present', 'at the moment':

| Они пока заняты. | 'They're busy at present.' |

Exercise 6

Indicate in which sentences **пока** is being use as a conjunction and in which as an adverb.

1   А пока Георгий готовится поступать в университет.
2   Нам пока трудно говорить по-русски.
3   Подожди пока здесь.
4   Пока вопрос остаётся без ответа . . .
5   Пока ничего не известно.
6   Я раньше думал, что чайки — чистые птицы, пока сюда не пришёл.

Exercise 7

Join the beginnings of sentences to appropriate ends.

1	Алина, его жена, недавно ушла с работы —	i	дверь оказалась запертой.
2	Когда немцы вошли в Харьков,	ii	не пойду гулять.
3	Когда придёшь,	iii	надо побыть с Полей, пока она втягивается в школьный ритм.
4	Пока он учится,	iv	было ещё темно.

5	Когда мы пришли к дому Алексея Александровича Седова,	v тогда поговорим.
6	Когда он проснулся,	vi надо ему помочь.
7	Пока не сделаю уроки,	vii Вагричу было четыре.

Exercise 8

(a) Supply the infinitive of each of the following verbs.

Verbs: вымой, гастролируем, кончишь, купались, началась, отправился, переживает, получат, приобретает, убери, хочет

(b) Select appropriate verbs from the list below and insert them in the sentences which follow.

Verbs: было, вымой, гастролируем, есть, кончишь, купались, началась, нет, отправился, переживает, получат, пользоваться, приобретает, убери, хочет

1 А когда __ Великая Отечественная война, он __ на фронт добровольцем.
2 Какие профессии будут __ спросом, когда сегодняшние первокурсники __ дипломы?
3 Когда ты __ завтракать, __ посуду и __ со стола.
4 Молодёжь, конечно, __ подзаработать, пока силы __.
5 Мы сейчас __, пока здания своего в Москве __.
6 Пока __ тепло, мы __ в море.
7 Сегодня мир __ важный рубеж, когда информация __ большее значение, чем сила.

PUNCTUATION, CO-ORDINATING

In Russian, subordinate clauses are always separated from the main clause by a comma. One of the few punctuation conventions which the young Trifonov had mastered is the use of commas to co-ordinate elements in a series: **и мы веселились, играли, бегали, кричали Э! Э! Э!** English speakers should note, however, that in Russian the final element in a series need not be introduced by the co-ordinating conjunction **и**.

ASPECTS OF VERBS

Exercise 9

Identify the aspect of the verbs in the diary entries for 12 September and

24 November. Try to clarify in your own mind how the two aspects function differently in a narrative. Compare your hypotheses with the following explanation.

The sequencing of events and aspects in a narrative

One of the functions of perfective verbs is to sequence events in a narrative. The sum total of perfective verbs provides the essential narrative thread of a story. Perfective verbs:

- are the essential building bricks of a story. They mark a shift in direction in the narrative and consequently keep moving the narrative on:

мне купили . . . пришёл Эля . . . мы пошли гулять . . . и пришли домой . . . пришла Женя . . . они ушли и мы легли спать.	'I was bought . . . Elya came . . . we went for a walk . . . we came home . . . Zhenya came . . . they left and we went to bed.'

- indicate closure of the previous perfective action and make possible the next one:

Я подошёл к милиционеру и спросил . . .	'I went up to the policeman and asked . . .'

Phrases in the perfective are therefore linked in a temporal and, to some extent, causal chain.

Imperfective verbs, on the other hand:

- provide the context or motivation for an action:

Сегодня мы обязательно хотели (impf.) куда-нибудь пойти.	'Today we definitely wanted to go somewhere.'

- identify activities occurring within the framework provided by the chain of perfective verbs:

и там ходили в зверинец и я катался на колесе смеха.	'and there we went to the zoo and I had a ride on the wheel of laughter.'

Exercise 10

Select the appropriate aspect in the following diary entry for 28 December 1934.

Я не хожу в школу уже 15 дней. Я (вставал—встал) с постели 24. Два дня я ничего не (делал — сделал) но уже вчера мы с мамой (занимались — занялись). Доктор говорит что я должен в школу идти после каникул, а мне хочется чтобы мне (ставили — поставили) отметки. Во-первых мне хочется это знать, а во-вторых мы с мамой (договаривались — договорились) что если у меня по какому-нибудь предмету будет ОХ (очень хорошо) то она (покупает — купит) мне три марки. Если ХОР (хорошо) то две. Если УД (удовлетворительно) — ничего. А если НЕУД (плохо) тогда три из альбома. Я (собираю — соберу) марки и монеты.

Aspects of verbs in the infinitive

There are a number of rules of thumb to help determine the aspect of infinitives:

- After verbs which denote beginning, ending or continuing an activity, the infinitive is always imperfective:

   Мне делать стало нечего, я   'I hadn't anything to do and started
   начал читать.   reading.'

- Where the infinitive denotes an on-going activity it is expressed in the imperfective:

   Мы пошли гулять по Москве.   'We went for a walk around Moscow.'

- Where the infinitive has a well-defined end it is expressed by a perfective:

   Мы хотели куда-нибудь пойти.   'We wanted to go somewhere.'

Exercise 11

Identify the aspects of the infinitives in all the diary entries above.

Exercise 12

Insert infinitives in the appropriate aspect.

1 (заказывать — заказать) Мы решили сегодня __ разговор по телефону с Киевом.
2 (переводить — перевести) Он смог __ трудный текст.
3 (заниматься — заняться) Мы не можем __ в библиотеке, она закрыта.
4 (выходить — выйти; относить — отнести) Я должен завтра __ из дому на час раньше.— Почему? — Мне надо __ книгу в библиотеку.
5 (ходить — пойти) Отец учил сына __ на лыжах.
6 (плавать — поплыть) Боря учился __ в бассейне «Москва».
7 (читать — прочитать; писать — написать; говорить — сказать) На подготовительном факультете МГУ преподаватели обучают иностранных студентов __, __ и __ по-русски.
8 (спрашивать — спросить) Я забыл __ об этом.

EXPRESSING NECESSITY: должен

The short form predicate **должен, должна, должно, должны** is used to express necessity. The person who 'has to' do something is expressed in the nominative case and the predicate (**должен,** etc.) agrees with the subject in number and gender. The action which the subject 'has to do' is expressed by a verb in the infinitive:

Это я должен/должна Вас благодарить.   'It is I who should thank you.'

Exercise 13

Insert appropriate subjects in the spaces. Select your answers from the list supplied below.

Subjects: милиционер, мы, вы, ребёнок, средства массовой информации, я, одежда

1   — должны понять вашего ребёнка.
2   До двухлетнего возраста — должен спать на твёрдой кровати.
3   Доктор говорит, что — должен в школу идти после каникул.
4   — на ребёнке должна соответствовать погоде.
5   Почему же в 1998 году — должны чувствовать себя ближе к менуэту, чем к Вьетнаму?
6   — должны строго соблюдать законодательство.
7   — должен всегда лояльно относиться к власти.

ASPECTS AND VERBS OF MOTION

All verbs of motion have two imperfective forms: an indeterminate form and a determinate one. Those used in the diary entries above include motion on foot (**ходить/идти**), motion by transport (**ездить/ехать**), running (**бегать/бежать**) and climbing (**лазить/лезть**).
   In the past tense indeterminate forms are used to refer to:

* an outing, a trip, an excursion in its entirety:

   и там ходили в зверинец.   'and there we went, to the animal house.'

   (In this case the verbs **ходить** and **быть** are synonymous.) (See Unit 6 and Unit 23 of *Basic Russian*.)
* motion which has no identified or indeed identifiable end:

   Ходили по разным глухим   'We walked around various quiet back
   переулкам.   streets.'

   (In this example the verbs **ходить** and **гулять** are synonymous.)

In the past tense determinate forms are used to refer to motion towards a stated end or in a stated direction:

А обратно мы ехали тоже   'We also took the river boat home.'
на пароходе.

This form is often used in the introductory section of narratives which begin: 'As I was on my way to . . . such and such happened' (see Unit 6).

Exercise 14

Find the prefixed verbs of motion in the diary entries. Match the meanings and prefixes listed below.

1	arriving	i	в-/во-
2	leaving	ii	до-
3	movement as far as	iii	пере-
4	movement over or across	iv	подо-
5	movement up or over to	v	по-
6	setting off	vi	при-
7	entering	vii	у-

PREFIXED VERBS OF MOTION

One of the main devices used to structure narratives are prefixed verbs of motion. Prefixed verbs of motion formed from indeterminate verbs are imperfective. Those formed from determinate verbs are perfective.

Perfective prefixed verbs of motion are the more usual in narratives: they move the narrative on by moving the characters around a given landscape: in and out of home; up to, over or around obstacles; towards and away from people and places; etc. Each of the prefixes adds a component of meaning to the base meaning of motion on foot, climbing, running, etc. For instance movement inwards is expressed by the prefix в-/во-.

The use of an imperfective prefixed verb of motion indicates that a particular action has been done and, as it were, undone. This is well illustrated in the diary entry:

Недавно приезжала Женя и гостила   'Recently Zhenya came to stay
у нас три дня . . .   with us for three days.'

The use of the imperfective prefixed verb of motion **приезжала** makes it clear that Zhenya is no longer there; it conveys that she came and left again. The narrative takes up again with her departure.

Exercise 15

In the following diary entries, select the appropriate aspect of the verbs of motion.

29 декабря 1934 Сегодня мама (ходила — пошла) в школу, а когда (приходила — пришла) то (приносила — принесла) бумагу на которой были написаны мои отметки. Оказывается, мама должна мне 5 марок и 4 монеты. Одна монета французская, другая — английская, а другие не знаю.

5 августа — 37 г. Женя уже (уезжала — уехала) в Крым, в Симеиз. (Приезжает — Приедет) числа 25-го.

1 июня — 37 г. Вчера, 31-го вечером мы хотели ехать на дачу, но раздумали и вместо этого (шли — пошли) в кино на «Арсен» . . . Ух!!! . . . вот одна картина!!! Она мне ужасно понравилась . . . Сегодня утром к нам (приезжала — приехала) Женя Маленькая с Наташей. Наташа уже стала такая же как Таня тогда. Затем (приезжал — приехал) папа Наташи — Юрий. (Уезжали — Уехали) они вечером. Завтра они приедут опять.

WORD ORDER: SUBJECT AND PREDICATE

Where the person performing an action or experiencing a state is known and has already been named (**Что я делал?**), the subject is usually placed before the verb:

Сегодня я встал рано, мне делать стало нечего и я начал читать книжку «Дикие малыши».	'Got up. Had nothing to do. Began reading *The Tearaways*.'

The focus of this sentence is on communicating what the subject did.

If the focus of the sentence is on introducing a new subject, someone who is not known and who is only now being named (**Кто пришёл?**), it is usual for the verb to precede the subject, as in the first clause of the following sentence:

Потом пришёл Эля и Ксения Васильевна и мы пошли гулять по Москве.	'Then Elya and Kseniya Vasilevna arrived and we went for a walk around Moscow.'

If the focus of the sentence is on identifying what was somewhere (**Кто/что там был(о)?**), the verb will invariably precede the subject:

была не Таня, а сосулька	'and lo and behold there was no Tanya, but an icicle'

Exercise 16

Re-order the following phrases. The words within the square brackets are in the correct order and capital letters indicating the beginnings of sentences have been removed.

[Женя Маленькая с Наташей] [к нам] [сегодня утром] [приехала]. [папа Наташи — Юрий] [затем] [приехал]. [уехали они] [вечером]. [опять] [приедут] [они] [завтра] (*1 июня — 37 г.*)
[из Харькова] [приехала] [какая-то девочка — Ася] [к Лене и Зое]. [появилась] [новая ракетка с проволочными струнами] [у Ганьки]. . . .
[у нас] [теннисный матч] [,] [играю в теннис] [недавно] [очень много] [начался]. [на первом месте] [пока] [я]. (*5 августа — 37 г.*)

UNIT EIGHT
Memoirs

Exercise 1

Think of a suitable heading to define the semantic field of the words in each of the following rows.

 1 метро, трамвай, автобус, троллейбус, электричка, поезд
 2 дверь, окно, окошко, ворота, калитка
 3 дача, квартира, дом, особняк
 4 Сокольники, Красносельская, Тургеневская, Пушкинская
 5 тюрьма, лагерь, камера
 6 брюки, куртка, матроска, пальто
 7 Бутырки, Матросская Тишина
 8 коровы, овцы, свиньи, куры
 9 поле, сад, двор, огород
10 солнце, луна, звёзды

Exercise 2

Match the adjectives and nouns to form common collocations.

Adjectives: дачный, жаркий, заходящее, зелёные, зимнее, каменная, мёртвая, неприятная, несчастный, трёхэтажное
Nouns: день, здание, пальто, поля, сезон, случай, солнце, стена, тишина, физиономия

Exercise 3

Match the verbs and noun phrases to form common collocations.

Verbs: ждать, ехать, выходить, посадить, жить, сесть, ходить, идти, стучать, сидеть
Noun phrases: в дверь, в пальто, в тюрьме, в тюрьму, во второй вагон, на даче, на метро, на перроне, на следующую, пешком

LEXIS: принимать/принять

Like the English verb 'to take', the meaning of **принимать** is determined by the noun phrase it is governing. Examples of its use include:

В нём примут участие все вузы.	'All third-level institutions are taking part in it.'
Кто когда принимает?	'Who is available to see whom when?'
Было принято решение.	'The decision was taken.'

Exercise 4

Insert appropriate noun phrases from the list supplied below.

Noun phrases: декрет о введении в стране, денег, душ, его, первую Конституцию СССР, решение, участие, эту должность

1   Ты хочешь принимать __ в воскресной поездке в лес?
2   Они ласково приняли __ и хорошо угостили.
3   Папе __ не приняли.
4   Он __ принял на себя.
5   Парламент Казахстана принял __ перенести столицу республики из Алма-Аты в Акмолу.
6   В 1923 г. ЦИК СССР принял __.
7   В 1918 г., Совнарком РСФСР принял __ метрической системы мер.
8   Просто не можешь принять __ из-за того, что нет горячей воды.

Exercise 5

Read the following entry from 13-year-old Yuriy Trifonov's diary and do the comprehension exercise supplied below.

17 мая — 38 г

Так много изменений, что не было времени писать. Начну по порядку.

Во-первых, 27 апреля мы с Женей мал. ходили в Бутырки, и папе денег не приняли, а маме приняли. 11-го — то же самое, но сказали, что папы нет в Бутырках, и вчера мы с Аней и Катькой поехали в Матросскую Тишину.

Когда мы ехали на метро до Сокольников, вдруг я вижу, Аня выходит на Красносельской. Я хотел было пойти за ней, как дверь закрылась, и я остался в вагоне, а Аня на платформе. Я, понятно, немного испугался, но затем вернул самообладание. На станции Сокольники я остался и стал ждать на перроне Аню.

К счастью, всё кончилось благополучно. Могло же выйти довольно печально. После метро мы пересели в трамвай. Было ужасно жарко и душно. Я ходил ещё в пальто и буквально обливался потом. После трамвая мы прошли пешком и, наконец, увидели трёх- или четерёхэтажное здание тюрьмы, окружённое высокой каменной стеной. Мы прошли во двор. Там толпились люди и разговаривали о своих случаях и переживаниях. Я вошёл в дом, подойдя к окошку, спросил:

— Скажите, где мой отец . . .

— Как фамилия? — спросил меня мужчина с удивительно неприятной физиономией.

— Трифонов Валентин Андреевич.

— Записаны?

— Нет.

— Приходите 21 мая, запишитесь, а через месяц ответ получите.

Я понял, что больше ничего не узнаю. 21-го пойду запишусь.

12-го я с Таней, бабушкой и Аней ездили на дачу. Там очень хорошо. Поля зелёные, река, тишина, цветы, заходящее солнце, коровы смирные . . . Дачная идиллия . . .

Match the dates with the events.

1	11 мая	i	мальчик придёт в Матросскую Тишину записаться
2	27 апреля	ii	ездили на дачу
3	12 мая	iii	ходили в Бутырки
4	16 мая	iv	ходили в Матросскую Тишину
5	21 мая	v	ходили в Бутырки во второй раз

PREPOSITIONS DENOTING THE SEQUENCING OF EVENTS IN TIME

In this unit we continue to look at the sequencing and structuring of narratives; in particular we are concerned with the use of words and phrases to make explicit temporal relations in narratives, the rules governing the sequence of tenses in Russian and the conventions of Russian punctuation in relation to parenthetic words and expressions.

через and назад

Like the preposition **назад** (see *Basic Russian*, Unit 31), **через** (+ acc.) is used to identify the period of time which elapses between two events. **Назад** indicates *how long before* the point of speaking an event occurred:

Он ушёл пять минут назад.   'He left five minutes ago.'

And **через** indicates *how long after* a given moment something happened or will happen:

Он вышел и вернулся через пять минут.	'He went out and came back five minutes later.'
Он придёт через пять минут.	'He will be back in five minutes.'

Exercise 6

Match the following dialogues and situations.

1 — Девушка, извините, площадь Маяковского скоро?
   — Через две остановки.

i   разговор по телефону

2 — Попросите, пожалуйста, Анну Сергеевну.
   — Она вышла. Позвоните через полчаса.

ii   разговор в редакции

3 — С редактором можно встретиться сегодня?
   — Приходите через час.

iii   разговор после аварии

4 — У меня назначена встреча с ректором.
   — Он сейчас в министерстве. Придёт через полчаса.

iv   разговор в транспорте

5 — Вы уже вызвали скорую помощь?
   — Да, будут через десять минут.

v   разговор в институте

до (+ gen.) and после (+ gen.)

These prepositions are also used to clarify the sequence of events. The preposition **до** means 'before'; the preposition **после** 'after'.

Он ушёл до заседания.	'He left before the meeting.'
Я тебе позвоню после заседания.	'I'll ring you after the meeting.'

Note the meaning of these two prepositions when used with reference to clock time:

Он ушёл до десяти часов.	'He left before ten (o'clock).'
Я тебе позвоню после десяти часов.	'I'll ring you after ten (o'clock).'

Exercise 7

Change the following sentences according to the model. Replace the verbal construction with an adverb of time introduced by the preposition **после**.

Model: Я позавтракаю и буду работать. →
        После завтрака я буду работать

1   Я выпью стакан пива и буду продолжать свою прогулку.
2   Я поиграю в теннис и буду лежать на пляже.
3   Я покурю эту сигарету и буду заниматься в библиотеке.
4   Я пообедаю и буду смотреть телевизор.
5   Я послушаю лекцию профессора Образцовой и буду ужинать в ресторане.
6   Я посмотрю новости и буду слушать музыку.
7   Я прочту первую главу и буду спать.
8   Я сдам экзамен и буду отдыхать на юге.

через (+ acc.) and после (+ acc.)

The preposition **после** is used to express what happens 'after' an event or action has ended; the preposition **через** introduces a reference to the period of time that elapses before the next action takes place:

После обеда я пошёл в кино.	'After lunch I went to the cinema.'
Через пять минут он встал и ушёл.	'Five minutes later/After five minutes he upped and left.'

Exercise 8

(a) Insert an appropriate verb in the spaces provided. Select the verbs from the list supplied below.
(b) Indicate when each of the events will occur by using an adverb of time introduced by the prepositions **через** or **после** and the noun phrases supplied in brackets as appropriate.

Models: Я тебе ___ (десять минут) →
         (а) Я тебе позвоню.
         (б) Я тебе позвоню через десять минут.

         Я тебе ___ (завтрак) →
         (а) Я тебе позвоню.
         (б) Я тебе позвоню после завтрака.

Verbs: записаться, исполниться, купить, приехать, пойти, рассказать, спросить

1 Откроется новая библиотека и мы __ в неё. (неделя)
2 Мы __ в столовую. (уроки)
3 Я пойду в книжный магазин и __ там эту книгу. (обед)
4 В Москву __ мой друг. (месяц)
5 Я __ его об этом. (лекция)
6 Я тебе __ об этом. (минуточка)
7 Ему __ 20 лет. (три месяца)

Expressing the interval of time prior/subsequent to an event

The following constructions must be used:

- **за** (+ acc.) . . . **до** (+ gen.) . . .; and
- **через** (+ acc.) . . . **после** (+ gen.) . . .

Он ушёл за десять минут до заседания.	'He left ten minutes before the meeting.'
Я тебе позвоню через десять минут после заседания.	'I will ring you ten minutes after the meeting.'

Exercise 9

Insert appropriate prepositions in the spaces provided: either **за . . . до . . .** or **через . . . после . . .**

1 Давайте пойдём в кафе __ 5 минут __ урока.
2 Давайте встретимся __ двадцать минут __ начала спектакля.
3 Давайте поедем в Крым __ день __ окончания учебного года.
4 Давайте пообедаем на полпути, т.е. __ два часа __ отъезда.
5 Давайте пойдём в парикмахерскую __ день __ праздника.
6 Давайте купим авиабилеты __ два месяца __ отъезда.
7 Давайте соберёмся в ресторане __ десять лет __ окончания университета.
8 Давайте отправимся в путь __ полчаса __ завтрака.

Exercise 10

Select the most appropriate adverb of time to complete the following sentences. Select your answers from the list supplied below.

Adverbs of time: за пять минут до начала лекции; через год после ареста; через год после начала войны; через три недели после конца сессии; за неделю до отъезда поезда; за несколько дней до начала войны; за пять минут до начала спектакля; 300 лет назад, в 1698г.; через пару дней после возвращения в Москву из «Великого посольства»

1   — надо занять места.
2   Обычно надо купить билет —.
3   У нас всегда перекур —.
4   Студенты получат отметки —.
5   Он умер —.
6   — Мейерхольд был расстрелян как японский шпион.
7   — Пётр I подписал указ, предписавший брить бороды и носить одежду европейского образца.
8   В июне 1941, —, я окончил десятый класс.

STRUCTURING OF DISCOURSE USING ADVERBS OF TIME

The adverbs **после, во-первых, затем, наконец; сначала, потом, после этого** are used to make explicit the sequence of events. The adverbs **потом** and **тогда** both translate as 'then'.

- The adverb **потом** is used:
  - to make explicit the sequence of events: 'First he did this and then he did that.'
  - to refer to some unspecified time in the future: 'later', 'later on'.

- The adverb **тогда** is used:
  - to refer to a point of time in the past or future: 'then' in the sense of 'at that time'
  - to establish a causal relationship between two clauses: 'then' in the sense of 'consequently'
  - to introduce the main clause when the subordinate clause expresses a condition: 'If he comes tomorrow, then I'll give him the letter myself.'

Exercise 11

Insert either **потом** or **тогда** in the spaces provided.

1   Боюсь, что он забудет принести словарь, и — я не успею сделать перевод.
2   Если вы устали, — давайте отдохнём.
3   Сначала сделай уроки, — можешь идти гулять.
4   Мы вместе учились в университете, — мы часто встречались и много беседовали.
5   Утром я поеду в университет, — зайду в библиотеку, а — прямо домой.
6   Если занятия кончатся не очень поздно, — пойду в библиотеку.

7 Мы вместе учились в университете, __ долго не встречались и ничего не слышали друг о друге.
8 Я поступил в университет в 1950 году, __ мне было 18 лет.
9 Сейчас у меня нет времени, поговорим __.

WORD ORDER: там, тогда

Adverbs such as **там** and **тогда** often refer to a time, place or context which has already been named. In these instances they are placed at the beginning of the clause or sentence:

Мы прошли во двор. Там толпились люди . . .

'We went through into the yard. Crowds were milling there . . .'

Exercise 12

Read the following sentences. Insert **там** or **тогда** in the spaces provided.

1 А вот Алексей каждую среду заходит именно на виртуальный «Огонёк» — так и удобнее, и дешевле, потому что бесплатно. Кроме того, __ есть конференция, где можно обменяться мнениями или просто поговорить с другими читателями. И ещё — __ можно послать письмо в журнал, не отходя от компьютера.
2 Анастасия Воронина родилась 13 декабря 1960 года в Ленинграде, в семье Вячеслава Воронина и Лидии Федосеевой (__ ещё не Шукшиной).
3 Бросила я свой любимый детский садик, где почти сразу после института стала директором. Бросила из-за того, что __ платили гроши, и — в Турцию.
4 В 44-м году мы уехали к папе, он служил на Дальнем Востоке. __ и встретили Победу.
5 Дело, заметьте, происходит в солнечной Италии. Он отказывает себе буквально в куске хлеба, лишь бы накопить лир (у них __ лиры) и купить велосипед.
6 Оказалось, дача у Седова совсем неподалёку, в трёх километрах от его основного жилища, на речке Ивица. __ когда-то жила его мама . . .
7 Поэзия начала 60-х просто и доступно разъясняла народу, что происходит в стране и мире. Евтушенко, __ ещё совсем молодой поэт, опубликовал в «Литературной газете» своё стихотворение «Бабий Яр» . . .
8 Мама купит лекарства. __ Дима поправится и мы все будем вместе.

SEQUENCE OF TENSES: REPORTED SPEECH, THOUGHT OR PERCEPTION

In Russian, the tense of the verb in the main clause does not impact on the tense of the verb in the subordinate clause:

- thought or enunciation in the present tense:

. . . сказали, что папы нет в Бутырках.	'. . . they said that father was not in Butyrki.'

- thought or enunciation in the future tense:

Я понял, что больше ничего не узнаю.	'I understood that I would not find anything else out.'

- thought or enunciation in the past tense:

Он напомнил мне, что я взял эту книгу у тебя.	'He reminded me that I *had* borrowed that book from you.'

Exercise 13

Insert appropriate verbs in the spaces provided. Select your answers from the list supplied below.

Verbs: вспомнил, называется, найду, придёт, приехал, состоится, ходит, хочет

1 Всем стало ясно, что он не ___.
2 Он сказал, что ___ видеть её часто.
3 Он спросил, ___ ли сегодня спектакль.
4 Приятно было, что он ___ меня.
5 Я был уверен, что ___ дорогу сам.
6 Я спросил друга, часто ли он ___ в кино.
7 Я спросил, как ___ следующая станция.
8 Странно, что он не ___.

Exercise 14

Put the verbs in brackets into the appropriate form.

1 Григирий спросил, куда (вести) ___ эта дорога.
2 Он спросил, куда я (идти) ___.
3 Она стала прощаться, и он поднялся, говоря, что ему пора домой: (ждать) ___ больные.
4 Сергей сказал другу, что он (позвонить) ___ ему вечером.
5 Я дал слово, что не (уйти) ___.

6   Я знаю, что все студенты в этой группе хорошо (сдать) __ экзамены.
7   Я сказал им, что (ждать) __ их у церкви.
8   Ясно было, что он не (хотеть) __ участвовать в этом разговоре.

ASPECTS: USE OF THE PRESENT TENSE IN A NARRATIVE

In the short narrative in this unit, the author uses a present imperfective where one might expect a past perfective:

> **Когда мы ехали на метро до**   'On our way to Sokolniki in the
> **Сокольников, вдруг я вижу . . .**   metro, I suddenly see . . .'

The use of the present tense here is a literary device which makes the events described appear more immediate to the reader; the narrator is, as it were, re-living those few moments. This shift in aspect and tense is particularly common with verbs of perception.

FIGURATIVE MEANINGS OF VERBS OF MOTION

Verbs of motion, both prefixed and unprefixed, are used figuratively in a number of idioms:

> **Я ходил ещё в пальто.**   'I was still wearing a coat.'
> **Могло же выйти довольно печально.**   'It could have ended up tragically.'
> **заходящее солнце**   'the setting sun'

Exercise 15

Match the following idioms and definitions.

1	вылетать из гнезда	i	действовать самостоятельно, не обращать внимания на чужие советы
2	выходить в свет	ii	жить честно, открыто; быть верным своим принципам, идеалам
3	идти прямой дорогой	iii	играть роль
4	идти своей дорогой	iv	печататься (о книге, статье, брошюре . . .)
5	носить маску	v	покидать родной дом
6	сходить с ума	vi	становиться неразговорчивым
7	уходить в себя	vii	становиться психически больным

PUNCTUATION: PARENTHETIC WORDS AND EXPRESSIONS

Words and expressions such as **во-первых, понятно, к счастью, наконец, скажите**, are referred to as parenthetic words. They serve a number of functions within a sentence:

- to establish or maintain contact with an addressee:

Скажите, где мой отец . . .	'Please tell me where my father is . . .'

- to express the speaker's attitude towards what they are saying:

К счастью, всё кончилось благополучно . . .	'Fortunately everything turned out well.'
Я, понятно, немного испугался.	'Understandably, I became a little anxious.'

- to make explicit the structure of speech:

Во-первых, 27 апреля мы с Женей мал. ходили в Бутырки . . .	'First, on 27 April Zhenya junior and I went to Butyrki.'
После трамвая мы прошли пешком и, наконец, увидели трёх- или четырёхэтажное здание тюрьмы.	'We got off the tram and headed off on foot, finally we saw the three- or four-storied building of the prison.'

All these functions are additional to the function of communicating historical facts. These parenthetic words could have been omitted without materially changing the facts which are communicated. The text, however, would have been significantly impoverished: indeed, the interest in texts rarely lies exclusively in the facts communicated: the interest also lies in the speaker's attitude and their relationship to their audience.

According to Russian punctuation conventions, parenthetic words are always separated from the main thread of the sentence by commas.

Exercise 16

Add commas where appropriate.

1   Состоялась дуэль между Николаем Гумилёвым и Максимилианом Волошиным. Эта дуэль проходила на Чёрной Речке неподалёку от места дуэли Пушкина и закончилась к счастью без кровопролития.

2   Скажите вы любите балет?

3 Он занялся делом: искал для себя экономическую и социальную
   ниши. И нашёл. Во-первых женился на москвичке во-вторых стал
   одним из главных производителей кроссвордов в столице снабжает
   ими добрую половину московских газет и журналов.

NAMING PLACES AND OBJECTS

Metro stations are on the whole named after people, places or historical
events. The names of metro stations are declinable. Where the station name
is a noun (**Сокольники**), it declines like other equivalent nouns (**Мы ехали
на метро до Сокольников**). Where the station name has an adjectival
form (**Красносельская**), note that it is a feminine form (agreeing with the
noun **станция**) and that it declines like all feminine singular adjectives (**Аня
выходит на Красносельской**).

However, if the word **станция** is used in the phrase, then **станция** goes into
the required case and the station name – whether it's a noun or an adjective –
remains in the nominative form (**на станции Сокольники**). This principle
also applies when referring to space stations, brand names, books, news-
papers, journals; in brief, to all names cited in inverted commas.

Exercise 17

Put the words in brackets into the appropriate form.

1 Более двадцати лет Пётр Яковлевич был постоянным сотрудником
   «__ (Огонёк)».
2 В ночь на среду на станции «__ (Полежаевская)» состоялся
   эксперимент.
3 В 1966 г. напечатал на Западе книгу «__ (Горе от ума)».
4 Его рисунки публиковались в журнале «__ (Советский воин)»,
   газетах «__ (Известия)» и «__ (Правда)».
5 НАСА готово отказаться от сотрудничества с Россией по
   орбитальной станции «__ (Альфа)».
6 Она сыграла абсолютно сумасшедшую роль в «__ (Мелкий бес)».
7 Пожар в «__ (Московские новости)».
8 28 января в киноконцертном зале «__ (Пушкинский)» впервые
   состоятся выборы самой прекрасной девушки СНГ— «Мисс
   Содружество-99».

ADVERBS OF DEGREE: немного, etc.

Adverbs of degree may be used to modify:

- a verb:

  Я немного испугался.   'I was a little unnerved.'

- an adjective:

  мужчина с удивительно неприятной   'a man with a surprisingly
  физиономией   unpleasant appearance'

- another adverb:

  Могло же выйти довольно   'It could have all turned out
  печально.   rather badly.'

- a quantifier:

  так много изменений   'so many changes'

The interrogative **насколько** is used to elicit degree:

Насколько сложно воспринимать   'How difficult is it to understand
звуки, которые были написаны очень   sounds which were written a
давно, абсолютно чужие для Вас?   very long time ago and which
                                              are totally alien to you?'

Exercise 18

Match the beginnings and ends of sentences. Underline all adverbs of degree.

1	Вход в лабиринт бесплатный, а выход, если вы гуляете там	i	вполне благополучен.
2	Денег у меня много, а времени, чтобы	ii	их тратить, слишком мало.
3	Знаете, я очень люблю вальсы, и Борис Николаевич очень любит.	iii	мне ужасно понравилась
4	Конец недели	iv	но мы их отчего-то не замечаем или замечаем крайне редко.
5	Многих, я думаю, поражало при чтении Евангелия, сколько там инвалидов. Мы знаем, что таких людей и в нашем обществе много,	v	Особенно любит танцевать вальс-бостон.
6	Сегодня мы обязательно	vi	тяжело ранен.
7	Теодор Рузвельт	vii	уже часа три и весьма опаздываете, — платный.
8	Ух!!! . . . вот одна картина!!! Она	viii	хотели куда-нибудь пойти.

UNIT NINE
Anecdote

Exercise 1

Match the following adjectives and nouns to form common collocations.

Adjectives: Василеостровский, высокая, налоговая, небедный, средний
Nouns: зарплата, инспекция, класс, район, человек

Exercise 2

Match the following verbs and noun phrases to form common collocations.

Verbs: выйти, задавать, заполнить, платить, пойти, собирать
Noun phrases: вопрос, за консультацию, к юристу, на минутку, налоги, налоговую декларацию

Exercise 3

Match the following near synonyms.

Group A: в бегах, небедный, немалые деньги, остальные, отправиться, разобраться, сотрудник
Group B: богатый, большие деньги, другие, заняты, пойти, понять, служащий/работник

Exercise 4

Read the following text. Insert words into the spaces provided. Select your answers from the list supplied below.

Words: в бегах, высокая, задаю, инспекцию, класса, консультацию, налоговая, налоговую, отдать, платят, пойти, разобраться

Монолог налогоплательщика

Я очень хотел стать законопослушным. Но не стал . . .

Дорогой «Огонёк», посуди сам. Отправился я в налоговую __ (1) Василеостровского района, чтобы заполнить __ (2) декларацию. Без напоминаний отправился. Так лучше мне и стране. Вы согласны? Сразу скажу, человек я небедный, повыше, думаю, среднего __ (3). Захожу. Много дверей, табличек. __ (4) невозможно, кто по какому вопросу принимает. В каждом кабинете только один стол занят — это сторож, остальные вышли «на минутку». Сотрудница, к которой меня направили, вышедшая тоже «на минутку», появилась через полтора часа. С покупкой. Долго её, покупку, рассматривали. Приходите, говорят мне, завтра. Пришёл. Сторож уже другой. __ (5) вопросы — никто ничего не знает. Не знают даже, у кого мне проконсультироваться. Выхожу в коридор. Ба, инспекторы с полными тарелками! Из столовой в кабинет. И на ключик — щёлк . . . Из любопытства заглянул в столовую. «Не для посетителей», — отвечают. Мне, понимаете, столовая не нужна. Думаю, я побогаче многих из них, хотя известно, что зарплата у налоговиков __ (6).

Человек я занятой, но упрямый. Сегодня пришёл в шестой раз. А между походами звонил. Увы . . . Чёрт возьми, я хочу __ (7) в пустую российскую казну деньги, и немалые, а их не берут! Что это за __ (8) инспекция, где никто ничего не знает, где все __ (9)? Набрали блатных дамочек, __ (10) им регулярно, а какая от них польза? Читаю у вас о «налоге солидарности» для богатых и думаю: поди-ка собери его, этот налог!

Налог я так и не заплатил. Хотел __ (11) к юристу: как бы мне всё же отдать деньги государству? Но почему-то именно за такую __ (12) платить не хочется . . .

И. ПЕТРОВ
Санкт-Петербург

(О, октябрь 1998)

ADVERBS OF TIME

На минутку

In adverbs of time the preposition **на** governs a noun phrase in the accusative case. The prepositional phrase identifies the period of time that the effects of the action will or would last:

Остальные вышли «на минутку».   'The others had gone out for "a minute".'

Exercise 5

Insert appropriate phrases in the spaces provided.

Phrases: на время фестиваля, на два года, на неделю, на несколько секунд, на три часа, на этот период

1   Если вы уезжаете с дачи __, можно оставить в доме злобного бультерьера (у кого он есть) с запасом воды, еды и напутствием: «Охраняй!».
2   Дома сама знаешь что, а мне нужно абсолютное уединение — всего __ два раза в неделю! — и труд будет закончен.
3   С одной стороны, государство сокращает армию, закрывает лишние военные училища, а с другой __ берут служить офицерами выпускников вузов. Зачем?
4   Майор Эдик прервал тираду и __ задумался.
5   __ набережная перед отелем «Мажестик» украсится рестораном с фирменными блюдами старинной русской кухни.
6   Для российских туристов __ предусмотрены дополнительные рейсы «Аэрофлота» по маршруту «Москва—Ницца—Москва».

Раз

Раз is used in a number of adverbs of time such as:

ещё раз	'again', 'once more'	**второй раз**	'a second time'
в шестой раз	'for the sixth time'	**на этот раз**	'this time'
в два раза чаще	'twice as often'	**с самого первого раза**	'from the very first time'
не раз	'on a number of occasions'	**ни разу не**	'never'

Раз is one of a small group of nouns whose genitive plural is identical to the nominative singular:

пять раз   'five times'

Exercise 6

Complete the following sentences using the phrases supplied below.

Phrases: в пять лет, двадцатый, ещё раз, ещё, не раз, раз, разу не, сколько раз

1   Да! Да! Да! И __ да! Театр Владимира Василева и Натальи Касаткиной — это самый лучший балетный театр в мире!
2   Раз __ я получаю от неё письма, примерно одни и те же: «Мама, у меня нет денег, я попала в тюрьму».

3 Самая стильная певица советской эстрады, Лайма Вайкуле и раньше
   — меняла свой облик.
4 — человек начинал с нуля и поднимался. Вот характер!
5 Такие люди, как отец, рождаются — в сто лет.
6 Только — раз прошу: не употребляйте в нашем интервью этого
   ужасного слова.
7 У меня нет времени на депрессии и стрессы. Я работаю в
   «Сатириконе» шестнадцать лет и ни — болел.
8 Я вчера смотрела свой любимый фильм, наверное, уже в — раз,—
   «Приходите завтра», я обожаю эту картину.

ASPECTS: USE OF THE PRESENT TENSE IN NARRATIVE

Exercise 7

Identify the tense and aspect of the verbs in the text **Монолог
налогоплательщика**. The present tense is used to:

*   make generalised statements about the author and the world he
    inhabits
*   create the illusion of a rather chatty spoken style
*   establish and maintain a relationship with his reader
*   invite the reader to relive the experience with the author (much as
    Trifonov uses the present tense in the diary entry in Unit 8, where one
    might expect a past perfective).

PREFIXED VERBS OF MOTION: выйти AND уйти

If someone is not in (**Его нет**) and you are asked to specify where they are:

*   You can simply state that the person has gone somewhere:

    Его нет. Он пошёл к Варе.   'He is not in. He's gone to Varya's.'

*   You can state that the person has left for a brief while (the implication
    is that they will be back soon):

    Его нет. Он вышел в коридор.   'He is not in. He's just stepped out
                                       into the corridor.'

*   You can state that the person has left and is not expected back:

    Его нет. Он ушёл домой.   'He is not in. He's gone home.'

Exercise 8

(a) Select an appropriate response to the following exchanges.

1 — Алло! Позовите, пожалуйста, Ивана.
 — Иван ушёл.   i   Позвоните завтра.
                        ii Позвоните через десять минут.

2 — Попросите, пожалуйста, Аллу Александровну.
 — Она вышла.   i   Позвоните завтра.
                        ii Позвоните через десять минут.

3 — Можно мне видеть Ивана Николаевича?
 — Нет, он вышел.   i   Хорошо, я приду завтра.
                        ii Хорошо, я буду у вас через пятнадцать
                            минут.

4 — Можно мне видеть Ивана Николаевича?
 — Нет, он ушёл.   i   Хорошо, я приду завтра.
                        ii Хорошо, я буду у вас через пятнадцать
                            минут.

(b) Re-arrange the following short exchanges so that they make sense.

i   1 — А где она?
     2 — Когда придёт?
     3 — Маша у вас?
     4 — Через пять минут.
     5 — Нет.
     6 — Она вышла в коридор покурить.

ii   1 — А где он?
     2 — Нет.
     3 — Он вышел в сад.
     4 — Папа в кухне?

iii 1 — Через двадцать минут.
     2 — Лёня здесь?
     3 — Когда вернётся?
     4 — Нет, его нет.
     5 — По-моему он вышел в буфет перекусить.
     6 — А где он?

iv   1 — А куда?
     2 — Алиса ещё не ушла?
     3 — Ага! Хорошо, спасибо.
     4 — Ушла, десять минут назад.
     5 — По-моему, к Михаилу Борисовичу.

v   1 — Он ушёл в школу.
     2 — Один. Ему же тринадцать лет!
     3 — Один?
     4 — Где Митя?

vi   1 — В институт?

     2 — Хорошо, спасибо.

     3 — Нет, она давно ушла.

     4 — Надежда Филипповна ещё в библиотеке?

     5 — По-моему, да.

(c) Insert either the verb **выйти** or **уйти** in the past tense in the spaces provided.

1   Попросите, пожалуйста, Анну Георгиевну.

    Она ___. Позвоните через час.

2   Можно мне видеть Елену Карловну?

    Рабочий день кончился. Елена Карловна ___.

3   Алло! Это Ольга Леонтьевна?

    Ольга Леонтьевна ___. Позвоните завтра.

4   Скажите, можно мне поговорить с заведующим кафедрой?

    С Сергеем Петровичем? Он ___. Посидите немного.

5   А где же Катя?

    Она ___. Скоро вернётся.

6   Вы не знаете, где Сергей Николаевич?

    Подождите, пожалуйста, Сергей Николаевич ___.

7   Можно Серёжу?

    Серёжа ___. Позвоните через десять минут.

8   Здравствуйте, Валентина Павловна. Можно мне видеть вашего мужа?

    Вы опоздали. Он уже ___.

ELLIPSIS

One of the properties of the spoken language is that it is often elliptical, that is to say sentences are often syntactically incomplete. Sometimes it is the verb which is omitted, as in the following three examples from the text **Монолог налогоплательщика**.

С покупкой.	The woman who was meant to be dealing with the author's case has just returned an hour and a half later than expected. 'With her shopping' suggests the author's frustration and his disbelief at how the office is being run.
Из столовой в кабинет.	In this sentence the verb 'to go' has been omitted. The sense of the verb is implied in the two adverbs of place which denote motion.

И на ключик —	In this sentence the sound of the door locking is
щёлк . . .	rendered by the noun **щёлк** ('snap', 'clunk'), and the
	action of locking the door by the adverb of means
	на ключик which is used in idioms with the verb
	запереть to mean 'to lock':

запереть на ключ/на замок	'to lock'
запереть на засов	'to bolt'

There are also two instances of elliptical sentences where only the verb is supplied:

Захожу.	'In I go.'
Пришёл.	'I came back.'

WORD ORDER: SUBJECT AND PREDICATE

The normal word order for a sentence consisting of a subject qualified by a noun-phrase predicate would be: subject + noun phrase:

Я небедный человек.   'I am not a poor person.'

Note the word order in **Человек я небедный**. The noun phrase is split: the noun predicate is placed at the beginning of the sentence and the adjective which modifies it at the very end. The splitting of the adjective + noun in this way shifts the focus of the sentence onto answering the question **Какой этот человек?** ('What kind of a person is he?'). The word order **Я человек небедный** would have the same effect.

Exercise 9

Find two other instances in the text where the word order has been altered in the same way.

Exercise 10

In all the following sentences the normal word order of adjective + noun has been altered. Match the beginnings and ends of sentences.

1 Добрые у нас

2 Бросила я свой любимый детский садик, где почти сразу после института стала директором. Бросила из-за того, что там платили гроши, и — в Турцию. Не отдыхать, а «челночить», тяжкое

i   глубоко не юбилейный?

ii европейская, другая — национальная.

3	Жизнь ведь явление	iii	импульсивный.
4	У всех стран Евросоюза будет своя евро. У каждой монеты будет одна сторона	iv	клоуны и весёлые.
5	Григорию Бакланову — семьдесят пять. Юбилей! Но что делать, если именинник — человек	v	люди — англичане.
6	Артисты — народ	vi	полосатое.
7	Странные всё-таки	vii	это дело.

PUNCTUATION: NOUNS IN APPOSITION

Долго её, покупку, рассматривали.	'They examined it, the shopping, for a long time.'

The function of the noun **покупку** in this sentence is to clarify whether the colleagues examined (1) the woman who had just returned with her shopping or (2) her shopping. Where a noun is inserted in a sentence in this way, it is bracketed off from the rest of the sentence by commas or dashes and is referred to as 'being in apposition'. Nouns in apposition are in the same case as the nouns/pronouns they modify. (See Unit 5.)

Exercise 11

Find another instance in the text of a noun fulfilling the same function.

Exercise 12

Put the words in brackets into the appropriate form and insert commas as required.

1   Там где у вас «Глас народа» есть фотография Валеры (грузчик).
2   7 сентября в два часа дня на Кузьминском кладбище в последний путь родные и близкие и фанатки проводили Игоря Сорина (экс-солист) группы «Иванушки International».
3   Биллу Гейтсу (глава) корпорации «Майкрософт» — (крупнейший производитель) операционных систем и приложений для персоналок — не дают покоя лавры Александра Македонского.

ADVERBS OF PURPOSE: пойду запишусь, чтобы

After verbs of motion one can express the purpose of action in the future by

using a verb in the perfective future. In Unit 8 the young narrator is determined to go and register on the 21st of the month: **21-го пойду запишусь**.

In this unit the author expresses purpose using the conjunction **чтобы** and
an infinitive construction:

Отправился я в налоговую инспекцию, чтобы заполнить налоговую декларацию.	'I set off for the tax office in order to fill in a tax declaration form.'

Exercise 13

Complete the following texts using the adverbs of purpose supplied below.

Adverbs of purpose: чтобы деньги зарабатывать; чтобы их тратить;
чтобы не перепутать; чтобы отметить дни рождения; какие-то семейные
успехи; чтобы понять его идею; чтобы приобрести машину и квартиру;
чтобы продолжать учение в главном инженерном училище; чтобы
сделать хороший спектакль на большой сцене

1   Денег у меня много, а времени, __, слишком мало.
2   Достоевский Фёдор Михайлович — писатель. Родился в Москве в
    семье врача Мариинской больницы для бедных. Был привезён в
    Петербург, __ .
3   Мы сразу надписывали все пакеты, __, где что находится.
4   Нужно внимательно вчитаться в этот текст, __.
5   __, необходимы дорогие декорации и костюмы.
6   Я работала без выходных и отпусков, сколько здоровья и нервов
    потеряла, __.
7   — Ну расскажи корреспондентке, зачем работаешь? — __.
8   Мы довольно часто собираемся все вместе, __.

THE COMPARATIVE DEGREE OF ADJECTIVES

The comparative degree is used when comparing two objects or people. There
are two forms of the comparative in Russian:

- a complex form, which may be used attributively or predicatively (the
  latter with a long or short form adjective)
- a simple form, which may only be used predicatively.

The complex comparative is formed using the adverbs **более** ('more') or
менее ('less') and the adjective in the appropriate number, gender and case:

более спокоен/спокойный	'calmer'
менее спокоен/спокойный	'less calm'

The simple comparative is formed by adding the suffix -ee or -e onto the stem of the adjective. This form is invariable (i.e. it does not reflect gender or number):

сильнее   'stronger'

The object or person with whom the comparison is being effected may be expressed:

• using the genitive of comparison:

Сразу скажу, человек я небедный, повыше, думаю, среднего класса.	'I'll tell you straight off, I'm not at all badly off; I'm a bit more, I'd say, than middle class.'

• using the conjunction **чем**:

Ноябрь более спокоен, чем предыдущее время.	'November will be calmer than preceding months.'

ADVERBS: гораздо

The adverb **гораздо** ('much') intensifies the degree of a comparison:

Мама была сильнее отца, гораздо сильнее . . .	'My mother was stronger than my father, much stronger . . .'

The prefix **по-** ('a little', 'slightly') is sometimes added onto the simple form to de-intensify the comparative:

Думаю, я побогаче многих из них.	'I think I am a little better off than many of them.'

The extent by which something is bigger, older, more expensive, etc. is expressed in Russian using a prepositional phrase in the accusative case introduced by the preposition **на**:

На материке цены на продукты на пятьдесят-триста процентов ниже.	'On the mainland prices for food products are 50–300% cheaper.'

For the comparative degree of adverbs, see Unit 16.

Exercise 14

Insert appropriate adjectives in the comparative degree in the spaces provided. Select your answers from the list supplied below.

Adjectives in the comparative degree: более терпимы, более слабым, выше, дороже, дороже, лучше, лучшее, не менее значимы, ниже

1   Импортный качественный телевизор стоит 200 долларов, а
    российский RECORD — 180. Понятно, что большинство россиян
    купят импортный и будут правы, он — и ненамного —.

2   В России наблюдался спад интереса к гуманитарным
    специальностям: даже в МГУ конкурс на них был не — 2–3 человек
    на место.

3   Содержание на Севере где-то в четыре раза —, чем на материке.

4   В Кёльне геи пытались достучаться до правительств Европы, чтобы
    они были — к секс-меньшинствам.

5   Дэвид Боуи — один из тех, кто, собственно, и родил в конце XX века
    понятие «имидж». Все свои имиджи Боуи, профессиональный
    дизайнер и дипломированный художник, создавал сам — цвет
    волос, бровей, рисунок морщин — для него, чем музыка и тексты.

6   Как видно из этой таблицы, показатели надежды на — в
    наступающем году —, чем когда-либо ранее.

7   Многие европейские команды, имея избыток квалифицированных
    игроков, отдают некоторых из них в аренду —.

UNIT TEN
Biographical sketch

Exercise 1

Match the following groups of words and phrases with the semantic groups:
(1) civil-rights movements, (2) countries, (3) educational institutions/
structures, (4) foreign affairs, (5) legal system, (6) professions/occupations, (7)
public representatives (8) quantifiers.

Group A: карьерный дипломат, МИД, министр иностранных дел,
посольство, представитель России, российский посол
Group B: десяток, наполовину, полтора
Group C: амнистия, время заключения, досрочное освобождение,
осудить на 3 года лишения свободы, ссылка, тюремное заключение
Group D: Киевский университет, МГИМО, факультет журналистики
Group E: Дания, РФ, СССР, США, Украина
Group F: лидер Народного Руха Украины, народный депутат,
председатель облсовета, президент
Group G: правозащитное движение, Хельсинкский союз
Group H: журналист, землекоп, кочегар, литературный критик,
сотрудник метеостанции

Exercise 2

Match the following adjectives and nouns to form common collocations.

Adjectives: датский, досрочное, иностранные, исторические, карьерный,
Киевский, литературный, Львовский, международная, народный,
общеевропейское, постоянный, правозащитное, российский,
самиздатовский, тюремное, Хельсинкский
Nouns: движение, дела, депутат, дипломат, журнал, заключение,
критик, науки, облсовет, освобождение, посол, представитель, премия,
сотрудничество, союз, университет, язык

Exercise 3

Match the following verbs and noun phrases to form common collocations.

Verbs: баллотировался, владеть, возглавить, занял, издавать, наградить, напечатать, окончить, осудить, работать, родился, уволить
Noun phrases: английским языком, второе место, департамент, журнал, журналистом, книгу, на пост президента, на 3 года лишения свободы, премией/орденом, с работы, факультет журналистики, 24 декабря 1937 г.

LEXIS: Владеть

The verb **владеть** governs a noun phrase in the instrumental case. It can mean:

- to own, possess (of property):

  владеть дачей   'to own a dacha'

- to have mastery, command of:

  владеть английским языком 'to have mastered the English language', 'to be a fluent English speaker'

- to control:

  владеть территорией   'to control territory'

The nouns **владелец** and **совладелец** – derived from the verb **владеть** – refer to the person who owns (or co-owns) property. The property owned is expressed in the genitive case:

Бизнесмен Евгений Востриков —   'The businessman Evgeniy Vostrikov
владелец телекомпаний в   owns television companies in
России и США.   Russia and the United States.'

Exercise 4

Insert appropriate noun phrases in the spaces provided. Select your answers from the list supplied below.

Noun phrases: большими природными ресурсами; виллой; вниманием; двумя белоснежными яхтами; землёй, заводами и фабриками; издательского дома; квартиры; правой рукой; тремя иностранными языками

1   Больной не владеет ___.
2   В течение полутора часов лектор владел ___ аудитории.

3   До революции __ в России владели помещики и капиталисты.
4   Как стать владельцем __?
5   Константин Тублин, совладелец __ «Лимбус Пресс».
6   Он поёт не для денег. Сын врача-гинеколога, владеет в Майами __
     с несколькими бассейнами и __.
7   Она прекрасно владеет __.
8   Российская Федерация владеет __.

Exercise 5

Read the following text. Insert appropriate words in the spaces provided.
Select your answers from the list supplied below.

Words: год, года, году, датским, Европе, иностранных, посольстве,
представитель, российским

Новый посол в США

Как стало известно «МН», новым __ (1) послом в США назначен Юрий
Ушаков. Ему 51 __ (2), он карьерный дипломат. В МИД СССР пришёл в
1970 __ (3) после окончания МГИМО. С перерывами в полтора десятка
лет проработал в __ (4) СССР в Дании. В 1994–1996 гг. возглавил
департамент общеевропейского сотрудничества МИД РФ. С июня 1996
г. по январь 1998 г. — постоянный __ (5) России при Организации по
безопасности и сотрудничеству в __ (6) (ОБСЕ) в Вене. 28 января этого
__ (7) указом президента назначен заместителем министра __ (8) дел.
Кандидат исторических наук, владеет английским и __ (9) языками.

(МН, октябрь 1998)

ADVERBS OF TIME: DATES

In *Basic Russian* (Unit 32) we looked at the expression of dates where the year
alone is referred to (**в 1970 году**) and where the date and the year are referred
to (**28 января этого года**). In this unit we look at two other ways of referring
to dates, both of which are rendered in English by the same construction
'over the period'/'from . . . to . . .'. Use either:

•   the preposition **в** and the prepositional plural of the noun год: **в 1994–
     1996 годах** (plural forms of the noun год may be replaced by the
     abbreviation **гг.**); or
•   the preposition **с** (+ gen.) and the preposition **по** (+ acc.): **с июня 1996
     года по январь 1998 года** (singular forms of the noun год may be
     replaced by the abbreviation **г.**). The use of the preposition **по** here
     suggests 'up to and including'); or

- the preposition **c** (+ gen.) and the preposition **до** (+ gen.): **с июня 1996 года до января 1998 года.**

ADVERBS OF CAUSE: по, за, из

There are a number of prepositions which are used in adverbs of cause (see also Unit 11):

- the preposition **по** (+ dat.) is used in expressions such as

  по причине   'for the reason'

- the preposition **за** (+ acc.) is used to express the action which elicited a negative or positive response:

  уволить за участие в . . .   'to sack for involvement in . . .'

- the preposition **из** (+ gen.) is used to introduce a phrase which refers to the emotion which prompted a course of action:

  из благодарности   'from/out of gratitude'

Exercise 6

Insert appropriate adverbs of cause in the spaces provided. Select your answers from the list supplied below.

Adverbs of cause: за плохие оценки, за пьянку, за революционную деятельность, за участие, из любопытства, по инициативе, по какой-то причие, по ограниченности способностей, по слабому здоровью

1 Англичанина Гаскойна не пустили на чемпионат __.
2 Белинский был исключён из университета «__ и притом __».
3 В 1965 г. был уволен с работы __ в правозащитном движении.
4 До годовалого возраста малыша надо укладывать спать на спинку, если только это __ не противопоказано врачом.
5 __ в России был приговорён к каторжным работам.
6 __ заглянул в столовую.
7 Сейчас нашу внучку мы никогда не браним __.
8 Фестиваль организован __ «Академии российской культуры» (АРК).

ASPECTS IN BIOGRAPHIES

In the brief biographical sketch of Ushakov the present tense is used to refer to:

- current states:

Ему 51 год.	'He is 51 years old.'

- defining characteristics:

Он карьерный дипломат.	'He is a career diplomat.'

- positions held in the past:

С июня 1996 г. по январь 1998 г. — **постоянный представитель России** **при Организации по безопасности и** **сотрудничеству в Европе (ОБСЕ)** **в Вене.**	'From June 1996 to January 1998 he is Russia's permanent representative at the OSCE in Vienna.'

Like in the narrative texts in Units 8 and 9, here again we have the present tense used to refer to a past occurrence. Unlike in the previous two examples where the use of the 'historic present' makes the events described more immediate to the reader, here the use of the present tense (1) is characteristic of a text bordering on note-form and (2) confers the authority of an official communiqué.

The past perfective is used to refer to:

- significant events or turning points in a career path:

В МИД СССР пришёл в **1970 году после окончания** **МГИМО.**	'He entered the Ministry of Foreign Affairs of the USSR after graduating from the Moscow State Institute of International Relations.'

- actions which, although performed continuously, occur within a well-defined period:

С перерывами в полтора **десятка лет проработал в** **посольстве СССР в Дании.**	'He worked in the Soviet Embassy in Denmark on and off for 15 years.'

Exercise 7

Insert an appropriate verb in the spaces provided. Select your answers from the list supplied below.

Verbs: выпустил, достиг, закончил, начал, опубликовал, перелетел, родился, совершил, умер

1900   1   __ И.К. Айвазовский (р. 1817) — русский художник.

2   __ Антуан де Сент-Экзюпери.

3   Граф Фердинанд фон Цеппелин __ первый пробный полёт на дирижабле собственной конструкции.

1902	4	Горький — пьесу «На дне».
1904	5	Александр Блок — поэтический сборник «Стихи о Прекрасной Даме».
1905	6	Альберт Эйнштейн — ряд статей, в которых обосновал теорию относительности.
1906	7	Рябушинский — издавать журнал символистов «Золотое руно».
1909	8	Американский офицер Роберт Эдвин Пири — Северного полюса.
	9	Француз Луи Блерио впервые — на моноплане через пролив Ла-Манш.

LEXIS: VERBS COMMONLY USED TO EXPRESS DEATH

There are three verbs commonly used to express death. The most neutral is the verb **умереть**:

В возрасте 46 лет умерла актриса В. Ф. Комиссаржевская.	'The actress VF Komissarzhevskaya died at the age of 46.'

The verb **гибнуть** implies a tragic death, either in an accident or in a war:

В огне погибли 22 пациента.	'Twenty-two patients died in the fire.'

The verb **скончаться** is stylistically equivalent to the English expression 'to pass away':

В Париже скоропостижно скончался Эмиль Золя (р. 1840 г.).	'Emile Zola passed away prematurely in Paris.'

ASPECTS: THE PREFIXES по- AND про-

A small group of perfective verbs with the prefixes **по-** or **про-** are used with adverbs of time which express *for how long* something happened. The most common of these verbs are **прожить, провести, проработать/поработать, погулять, посидеть, полежать**.

The imperfective form of these verbs is only used where the action happened repeatedly:

Он провёл лето на даче.	'He spent the summer (one summer) at the dacha.'
Он проводил лето на даче.	'He would/used to spend the summer at the dacha.'

Exercise 8

Match the beginnings and ends of sentences.

1	Григорий Зиновьев много лет	i	где почти не было возможности читать русские журналы.
2	Мама проработала почти	ii	долгую и трудную жизнь.
3	Несколько лет прожила в Италии,	iii	провёл в заключении и ссылке.
4	С отцом прощаться будем прямо там, где он полжизни	iv	проживём с ним всю жизнь.
5	Этот человек прожил	v	прожил в эмиграции во Франции.
6	Я дочь военного, почти половину из своих	vi	проработал.
7	Я не думала, что мы	vii	сорок лет в Спорткомитете.
8	В 1938г. Николай Алексеевич Заболоцкий был арестован и 8 лет	viii	сорока прожила в гарнизонах на Дальнем Востоке.

PAST PASSIVE PARTICIPLE (SHORT FORM)

There are four ways of expressing that Ushakov was, for instance, appointed to the post of deputy Minister in the Ministry of Foreign Affairs by Presidential decree. One can use:

• an active construction with a named subject:

8 января этого года президент (nom.) **назначил Ушакова** (acc.) **заместителем** (inst.) **министра иностранных дел.**	'On 8 January the President appointed Ushakov Deputy Foreign Minister.'

• an active construction without reference to the subject:

8 января этого года назначили Ушакова (acc.) **заместителем** (inst.) **министра иностранных дел.**	'On 8 January Ushakov was appointed Deputy Foreign Minister.'

• a passive construction with a named agent:

8 января этого года указом (inst. = agent) **президента Ушаков** (nom.) **назначен заместителем** (inst.) **министра иностранных дел.**	'On 8 January Ushakov was appointed Deputy Foreign Minister by Presidential decree.'

- a passive construction without reference to the agent:

8 января этого года Ушаков (nom.) **назначен заместителем** (inst.) **министра иностранных дел.**	'On 8 January Ushakov was appointed Deputy Foreign Minister.'

A past passive participle is often used in preference to active constructions in biographical texts to refer to events externally imposed and affecting a person's life story. The verb 'to be' in the past tense is often omitted in this genre of brief news report. This would not be the case in more low-brow biographical notes.

The formation of the past passive participle (short form) is very similar to that of the past tense.

- Verbs ending in **-ать** or **-ять**: remove the **-ть** and add the following endings:

-н for masculine	**-на** for feminine	**-но** for neuter	**-ны** for plural
арестован	**арестована**	**арестовано**	**арестованы**

- Verbs ending in **-ить** or **-еть**: remove the **-ть** and add the following endings:

-ен for masculine	**-ена** for feminine	**-ено** for neuter	**-ены** for plural
назначен	**назначена**	**назначено**	**назначены**

- Verbs ending in **-ти**: remove the **-ти** and add the following endings:

-ен for masculine	**-ена** for feminine	**-ено** for neuter	**-ены** for plural
спасён	**спасена**	**спасено**	**спасены**

A number of verbs are affected by a consonant mutation in the formation of the past passive participle:

- Stems ending in **-б**, **-в**, **-п**, **-м**, **-ф**: add an **-л-**: **купить** → **куплен** ('bought')

- Stems ending in **-д**: change the final consonant to **-жд**: **наградить** → **награждён** ('rewarded')

- Stems ending in **-з**: change the final consonant to **-ж**: **снизить** → **снижен** ('lowered')

- Stems ending in **-с**: change the final consonant to **-ш**: **повесить** → **повешен** ('hanged')

- Stems ending in **-ст**: change the final consonant to **-щ** → **прощён** ('forgiven')

- Stems ending in **-т**: change the final consonant to **-ч** or **-щ**: **сократить** → **сокращён** ('reduced', 'shortened', 'abridged')

Note that a small number of verbs have the suffix -т- instead of -н-: занят, занята, занято, заняты ('occupied', 'busy').

Exercise 9

(a) Form masculine past passive participles from the following -н- suffix verbs.

Verbs: арестовать, возвратить, вынудить, избрать, исключить, короновать, наградить, основать, осудить, привезти, переименовать, подписать, приговорить, построить, расстрелять, сослать, сформулировать, уволить

(b) Form masculine past passive participles from the following common -т- suffix verbs.

Verbs: открыть, закрыть, забыть, одеть, запереть, сшить

Exercise 10

Insert appropriate past passive participles (short form) in the spaces provided. Select your answers from the list supplied below.

Past passive participles: арестован, вынужден, коронована, основан, открыт, переименован, подписана, расстрелян, сформулирована

1   25 лет назад, в 1973г., Александр Галич — поэт, драматург, киносценарист, бард — был ___ покинуть Россию.
2   40 лет назад, в 1958г., в Москве, на площади Маяковского, был ___ памятник Владимиру Маяковскому.
3   55 лет назад, в 1943 году, в Москве была ___ декларация правительств США, Великобритании, СССР и Китая, в которой была ___ концепция будущей ООН.
4   75 лет назад, в 1924г., город Симбирск был ___ в Ульяновск.
5   80 лет назад, в 1918г., был ___ Российский коммунистический союз молодёжи, впоследствии ВЛКСМ.
6   105 лет назад, в 1894г., родился Исаак Эммануилович Бабель, автор «Одесских рассказов» и других произведений. В мае 1939 года Бабель был ___ и в январе 1940 года ___.
7   225 лет назад, в 1724г., в Москве была ___ жена Петра I императрица Екатерина I.

Exercise 11

Match the following biographical sketches and people.

People: Александр Иванович Герцен, Алексей Петрович, Бартоломео

Франческо Растрелли, Виссарион Григорьевич Белинский, Иосиф
Александрович Бродский, Кондратий Фёдорович Рылеев, Михаил
Александович Бакунин, Фёдор Михайлович Достоевский

Biographies:

1   __ — писатель. Родился в Москве в семье врача Мариинской
больницы для бедных. Был привезён в Петербург, чтобы
продолжать учение в Главном инженерном училище.

2   __ — царевич; был враждебен реформам отца, бежал за границу,
возвращён, осуждён на казнь, умер (возможно, убит) в тюрьме.

3   __ — поэт, один из руководителей декабрьского восстания в
Петербурге. 13 июля был повешен на Кронверкском валу
Петропавловской крепости.

4   __ — русский революционер, публицист, один из идеологов
народничества и анархизма. За революционную деятельность в
России был приговорён к каторжным работам, а в Саксонии и
Австрии — к смертной казни.

5   __ — критик, публицист. Учился в Московском университете, но
был исключён «по слабому здоровью и притом по ограниченности
способностей».

6   __ — поэт, лауреат Нобелевской премии. Принадлежал к кружку
молодых поэтов — друзей Анны Ахматовой. Вынужден был
эмигрировать в 1979 г. Жил в США.

7   __ — писатель, публицист, общественный деятель. После окончания
Московского университета в 1837 г. как «смелый вольнодумец,
весьма опасный для общества» был сослан в Пермь, затем в Вятку.

8   __ — архитектор. По его проектам были построены собор
Смольного монастыря и его корпуса, Зимний дворец и
Строгановский дворец.

ADVERBS USED AS PREDICATES

In Russian it is possible to use an adverb as predicate of a main clause:

**Известно, что зарплата у
налоговиков высокая.**
'It is well known that tax employees
earn quite a lot.'

There is no subject in this type of construction: there is no equivalent of the
English-language 'it'. Where there is reference to a person, it is in the dative
case:

**Всем было ясно — об этом
говорили врачи, — что она уже
не встанет.**
'It became clear to everyone – the
doctors were talking about it openly
– that she would never get up again.'

The subordinate clause is often introduced by the conjunction **что**, but may in fact be introduced by any conjunction (see also Unit 13).

Exercise 12

Match the beginnings and ends of sentences.

1	Импортный качественный телевизор стоит 200 долларов, а российский RECORD — 180. Понятно, что	i	он вспомнил меня.
2	Интересно, что эта поп-группа	ii	которое как-то наполнит его жизнь.
3	Неизвестно, что будет	iii	нам такой президент.
4	Но понятно, что уже сейчас он нашёл занятие,	iv	не приехал.
5	Понятно, что не нужен	v	никогда не была «антисоветской».
6	Приятно было, что	vi	большинство россиян купят импортный и будут правы, он лучше и ненамного дороже.
7	Странно, что он	vii	с Серёжей дальше.
8	Ясно было, что он не	viii	хочет участвовать в этом разговоре.

Exercise 13

Insert appropriate conjunctions or interrogatives in the spaces provided. Select your answer from the list supplied below.

Conjunctions: зачем, как, как, каким, кто, почему, чём, что

1 Всем стало ясно, ___ он не придёт.
2 Вы заметили, что учителя бастуют в основном в городах? Теперь ясно ___ — крестьяне полтора года зарплату не получают, а учителя — всего полгода.
3 Ещё неизвестно, ___ кого спас.
4 Интересно, ___ выглядит цех, когда газа много?
5 Не совсем понятно, ___ кремлёвский чиновник собирается в космос.
6 О ___ они разговаривают — неизвестно.
7 Одному Богу известно, ___ мне пришлось вертеться, когда после 15 лет совместной жизни муж ушёл от нас.
8 У них никогда не было мам, пап, бабушек и дедушек, неизвестно, ___ образом они вообще произошли на свет.

WORD ORDER: ADVERBS OF TIME

Note the position of adverbs of time (and particularly dates) in biographical texts. Very often the first reference to a date is given in the latter part of the sentence: **В МИД СССР пришёл в 1970 году после окончания МГИМО.** In this sentence the date is particularly important as it enables the reader to contextualise the person in time. Thereafter, dates are used to sequence the events of a person's life and they tend to be of less significance than the events themselves. They are placed at the very beginning of the sentence and provide a structuring thread to the text.

Exercise 14

Indicate where the adverb of time supplied in brackets at the end of each clause/sentence should be positioned, in (a) or (b).

1   У всех стран Евросоюза будет своя евро. __ (a) употреблять новую деньгу начнут __ (b). (с 2002 года).

2   __ (a) Анастасия Воронина родилась __ (b) в Ленинграде (13 декабря 1960 года). __ (a) Анастасия Воронина официально выходит замуж за Франсишку Нельсона Кастену __ (b) (11 ноября 1989 года).

3   __ (a) художник Пётр Яковлевич Караченцов умер __ (b) (на прошлой неделе), был ему 91 год. __ (a) он отдавался творчеству __ (b) (всю свою сознательную жизнь). __ (a) Пётр Яковлевич был постоянным сотрудником «Огонька» __ (b) (более двадцати лет), __ (a) без его иллюстраций не выходил ни один номер журнала __ (b) (в 50-е — 70-е годы).

ALPHABETISMS

These consist of initial capital letters and are used as abbreviations for the names of organisations or bodies. Some are pronounced letter by letter: **СССР** [эс-эс-эс-эр] ('USSR'); others are pronounced as words: **ОМОН** [омон]. On the whole the former are indeclinable, whereas many of the latter decline:

Александр Власов издал приказ о создании отрядов милиции особого назначения — ОМОНа.	'Alexander Vlasov published the order creating the special task force of the police.'

Exercise 15

Match the alphabetisms and the two halves of their full versions.

Национальное	Америки	ВГИК (вгик)
Московские	газета	МГИМО [мгимо]
Соединённые Штаты	газеты»	МИД [мид]
Министерство	институт международных отношений	МН [эм-эн]
Союз Советских	институт кинематографии	НГ [эн-гэ]
Московский государственный	иностранных дел	НТВ [эн-тэ-вэ]
Организация по безопасности и	Наций	ОБСЕ [о-бэ-се-е]
Независимая	новости	ООН [оон]
электронная версия «Независимой	сотрудничеству в Европе	СССР [эс-эс-эс-эр]
Организация Объединённых	Социалистических Республик	США [эс-ша-а/сша]
Всесоюзный государственный	телевидение	ЭВНГ [э-вэ-эн-гэ]

UNIT ELEVEN
News items

Exercise 1

Match the following adjectives and nouns to form common collocations.

Adjectives: главное, дежурная, материальный, Московские, пожарные, старая, четвёртый, пятибалльная
Nouns: новости, постройка, расчёты, служба, управление, ущерб, шкала, этаж

Exercise 2

Complete the following sentences by inserting the appropriate word in the appropriate form from the list below.

Words: загорелся, здании, ликвидировано, пробилась, пробка, пустот, сообщение, ущерб

1 __ дом.
2 Августовский крах принёс большой __ экономике.
3 В этом здании много __, где ничего нет.
4 На шоссе образовалась __.
5 С большим трудом она __ сквозь толпу.
6 В этом __ находится музей.
7 Передали по радио важное __.
8 Старое предприятие было __.

Exercise 3

Read the following text and do the exercise supplied below.

Пожар в «Московских новостях»
В центре Москвы на Тверской улице вчера загорелось здание редакции газеты «Московские новости». Как сообщили в Главном управлении ГО и ЧС, первое сообщение о пожаре на 3-м этаже здания редакции

поступило в дежурную службу примерно в 17.20. Через несколько минут огонь перекинулся на 4-й этаж. Сложность ситуации заключалась в том, что в здании старой постройки много пустот, по которым огонь быстро распространяется. Тем временем пожарные расчёты долго не могли пробиться к зданию из-за пробок на дорогах. Люди из здания были срочно эвакуированы. Пожар, которому был присвоен 2-й номер сложности по 5-балльной шкале, был ликвидирован около 18.10. В Главном управлении напомнили, что ровно 10 лет назад в здании редакции уже был пожар, который принёс значительный материальный ущерб.

(НГ, март 1999)

Notes: ГО (Гражданская оборона); ЧС (Чрезвычайная ситуация)

Re-order the following sentences to summarise the report in the text.

1   Пожар перекинулся на 4-ый этаж.
2   10 лет назад в том же здании был пожар.
3   Людей из здания быстро эвакуировали.
4   Пожар был ликвидирован около 18.00.
5   Пожарники застряли в пробках.
6   Пожар начался на 3-ем этаже.
7   Очень быстро распространился по пустотам в здании.
8   Пожар начался около 17.00.

Exercise 4

Complete the following text about the same fire by inserting the verbs from the list below.

Verbs: вызвали, звонили, использовали, находились, начали, начался, пострадал, пробирались, удержала

На этот раз пожар __ (1) от искры в кабельной шахте около 17.00. В 17.03 __ (2) пожарных, но параллельно службы охраны под руководством Виктора Бешенова, ответственные за здание и энергосистему, журналисты __ (3) борьбу с огнём. Они __ (4) около двадцати огнетушителей, и именно их смелость __ (5) огонь в те восемь минут, что __ (6) сквозь московские пробки на Пушкинскую площадь пожарные.

Главное — до их подхода никто не __ (7).

Ещё пожарные __ (8) в здании, а уже по нашим мобильным телефонам __ (9) друзья и коллеги.

(МН, ноябрь 1999)

ADVERBS OF TIME: TELLING THE TIME

It is usual in most written texts (particularly newspaper genres or official documents) to refer to time using the 24-hour clock and using only cardinal numerals: **в 17.03** ('at 5.03 p.m.'). It is also possible to do so in speech. However, more normally in conversation the following system is used:

- on the hour:

  в пять часов утра/вечера   'at five a.m./p.m.'

- between the hour and the half-hour:

  в три минуты шестого   'at three minutes past five',
                              literally 'at three minutes of the sixth hour'

- on the half-hour:

  в половине шестого   'at half past five',
                            literally 'at half of the sixth hour'

- between the half-hour and the hour:

  без пяти (минут) шесть   'at five (minutes) to six',
                                literally 'at six less/without five minutes'

Exercise 5

Translate the following text. Pay particular attention to the adverbs of time.

Сколько помнил Талий отца, он просыпался в одно и то же время, завтракал двумя яйцами всмятку и стаканом кефира, выходил на работу в половине девятого, чтобы оказаться на работе без десяти девять. Возвращаясь в половине седьмого, ужинал котлетами с вермишелью, пил чай и садился с газетой к телевизору. Выходные дни проводил в чтении толстых исторических отечественных романов . . .

(Сл., ДН, июнь 1999)

APPROXIMATION AND EXACTITUDE

There are a number of ways of expressing approximation in Russian. One can use:

- the adverb **примерно** ('approximately', 'roughly'):

  Первое сообщение о пожаре . . .   'The first call about the fire
  поступило в дежурную службу   reached the duty at about 17.20.'
  примерно в 17.20.

In Russian in expressions of approximation and exactitude the adverb is placed before the preposition:

ровно в пять часов   'at exactly five o'clock'

- the preposition **около** (+ gen.) ('about'):

Пожар . . . был ликвидирован   'The fire was extinguished by
около 18.10 (восемнадцати десяти).   about 18.10.'

Note that the preposition **в**, which is normally used when expressing 'at what time' something happened, is omitted when the time phrase is governed by another preposition.

- inversion: it is also possible to express approximation by altering the word order. Whereas **в пятв часов** means 'at five o'clock', **часов в пять** means 'at about five o'clock'.

Exercise 6

Supply the appropriate noun phrase to complete each of the following sentences. Select your answers from the list supplied below.

Noun phrases: двух килограммов, миллионов человек, около 300 тысяч, пяти тысяч, ста миллионов, 83 тысяч человек, миллионов долларов

1   «Апельсиновая свинина» Вам понадобится около __ парного нежирного свиного филе, 10–12 апельсинов, несколько картофелин, молоко, масло и сметана.
2   Сейчас на комбинате работают около __.
3   Там очень небольшие деньги — что-то около __ рублей на всю страну.
4   Теперь к числу подписчиков, «Интерфакса» (только в США их около __, да в Японии пятьсот) добавилось полмиллиона пользователей британского агентства.
5   Плановый семисуточный полёт на нашем «Союзе» стоит около 15 __.
6   Бюджет избирательной кампании кандидата в депутаты областной или городской думы — __ долларов.
7   А жители остальной России, а также Белоруссии, Украины и восточноевропейских стран — около 100 __ — уже могут пользоваться «русским Интернетом» и начали закупать его программы.

ADVERBS: ещё, ещё не, уже

Ещё and **уже** are adverbs which usually have time reference. **Ещё** can mean 'still' or 'already', **ещё не** 'not yet'; **уже** means 'already', **уже не(т)** 'no longer'.

Exercise 7

Insert the appropriate adverb (**ещё** or **уже**) in the spaces provided.

1   А вы __ не поняли?
2   А его дочка Полина, между прочим, __ ходит в школу, ей 8 лет . . .
3   К тому времени я __ решился петь публично свои авторские песни.
4   Самое большое разочарование то, что я __ давно не молод.
5   Все учителя __ знали о приезде журналистов из Москвы — новости по селу распространяются со скоростью звука (330 м/с).
6   Дело в том, что в 30-х годах, когда я __ была школьницей, мама очень боялась репрессий: она происходила из знатного польского рода — и только этого было достаточно, чтобы расстаться надолго с близкими, а то и с жизнью.
7   Он, увы, __ немолод.
8   Немалые деньги __ были затрачены государством.

ASPECTS: PAST IMPERFECTIVE

Whereas the perfective verbs sequence the events of the fire and the struggle to contain it, the imperfective verbs fulfil the following functions:

•   providing background information:

Они использовали около двадцати огнетушителей, и именно их смелость удержала огонь в те восемь минут, что пробирались сквозь московские пробки на Пушкинскую площадь пожарные.

'They used about twenty fire extinguishers, and it was precisely their courage which held back the fire during those eight minutes when the fire brigade was making its way through the Moscow traffic jams to Pushkin Square.'

•   providing additional, explanatory information:

Сложность ситуации заключалась в том, что в здании старой постройки много пустот, по которым огонь быстро распространяется.

'The situation was further complicated by the number of empty spaces in the old building through which the fire could race.'

Exercise 8

Find the one imperfective verb in each of the following news items (discounting the verb 'to be').

1   Вечером 18 марта в 23.15 начался пожар в одном из корпусов психоневрологического интерната в селе Михайловское Вологодской области. В здании в это время находились 35 больных, многие из которых были лежачими. В огне погибли 22 пациента, эвакуированы 15. Один больной впоследствии скончался от удушья и ожогов. Оставшиеся в живых 14 человек из интерната госпитализированы.

(НГ, март 1999)

2   В автомобильной катастрофе 25 марта в 23 часа 30 минут погиб основатель и один из лидеров Народного Руха Украины, народный депутат Верховной Рады Вячеслав Чорновил. «Тойота», в которой он находился, на большой скорости столкнулась с «КамАЗом» на Бориспольской трассе под Киевом. В аварии погиб также водитель «Тойоты».

(НГ, март 1999)

WORD ORDER: ADVERBS OF TIME AND ADVERBS OF PLACE

Most brief news items are structured in the same way. The first sentence indicates when and where an incident occurred: the 'where and when' are often supplied first (to establish a context) and the 'what happened' (the focus of the news item) is summarised at the end of the sentence:

В центре Москвы на Тверской улице вчера загорелось здание редакции газеты «Московские новости».	'Yesterday on Tverskoy Street in the centre of Moscow there was a fire in the building of the newspaper "Moscow News".'

Note the inversion of the verb and subject.

Where the place is likely to be unfamiliar to the readership and to need introducing, or where the place is of central significance to the story, it is placed at the end of the sentence:

Вечером 18 марта в 23.15 начался пожар в одном из корпусов психоневрологического интерната в селе Михайловское Вологодской области.	'Yesterday on 18 March at 23.15 a fire broke out in one of the blocks of the Mikhailovskoe (Vologda region) psychoneurological residential unit.'

Thereafter the story unfolds like a chain: with the beginning of each sentence linking on to the previous one, and the end of each sentence moving the story forward and anticipating the next sentence.

Exercise 9

Map the following narrative by selecting one sentence from each group to make the appropriate continuation to the story. To facilitate the exercise, the bit of each sentence which adds new information and anticipates the next sentence has been underlined.

Полным провалом завершилась для 49-летнего неработающего жителя подмосковной Купавны попытка сесть в вагон метропоезда нетрадиционным способом — через форточку.

1 (а) Эксперимент состоялся в ночь на среду на станции «Полежаевская».
  (б) В ночь на среду на станции «Полежаевская» состоялся эксперимент.
  (в) Состоялся эксперимент в ночь на среду на станции «Полежаевская».
2 (а) Две дамы провожали припозднившегося пассажира .
  (б) Припозднившегося пассажира провожали две дамы.
  (в) Припозднившегося пассажира две дамы провожали.
3 (а) Прощание, видимо, затянулось,
  (б) Затянулось прощание, видимо,
  (в) Видимо, затянулось, прощание,
4 (а) ибо когда наконец опомнился мужчина,
  (б) ибо когда мужчина опомнился наконец,
  (в) ибо когда мужчина наконец опомнился,
5 (а) уже закрылись двери последнего поезда.
  (б) двери последнего поезда уже закрылись.
6 (а) Пассажир решился на отчаянный поступок, чтобы не ночевать на платформе:
  (б) Чтобы не ночевать на платформе, пассажир решился на отчаянный поступок:
  (в) На отчаянный поступок решился пассажир, чтобы не ночевать на платформе:
7 (а) в 4-й вагон полез через открытую форточку.
  (б) полез в 4-й вагон через открытую форточку.
  (в) через открытую форточку полез в 4-й вагон.
8 (а) Увы, несчастный не рассчитал своих габаритов.
  (б) Увы, не рассчитал несчастный своих габаритов.
  (в) Увы, своих габаритов несчастный не рассчитал.

9 (a) и в окне застрял.
   (б) и застрял в окне.
10 (a) Уже не мог видеть происходящего машинист.
   (б) Машинист уже происходящего не мог видеть.
   (в) Машинист уже не мог видеть происходящего.
11 (a) При въезде в тоннель несчастного буквально разорвало пополам.
   (б) Несчастного буквально разорвало пополам при въезде в тоннель.
   (в) Буквально разорвало пополам несчастного при въезде в тоннель.

PUNCTUATION IN CO-ORDINATION AND SUBORDINATION: COMMAS AND EMBEDDED CLAUSES

Exercise 10

Bearing in mind the following rules, punctuate the following text.

Rule 1: All subordinate clauses are separated from the main clause by a comma.
Rule 2: If the subordinate clause is embedded in the main clause, it is bracketed off by two commas (one at the beginning and one at the end).

В центре Москвы на Тверской улице вчера загорелось здание редакции газеты «Московские новости». Как сообщили в Главном управлении ГО и ЧС первое сообщение о пожаре на 3-м этаже здания редакции поступило в дежурную службу примерно в 17.20. Через несколько минут огонь перекинулся на 4-й этаж. Сложность ситуации заключалась в том что в здании старой постройки много пустот по которым огонь быстро распространяется. Тем временем пожарные расчёты долго не могли пробиться к зданию из-за пробок на дорогах. Люди из здания были срочно эвакуированы. Пожар которому был присвоен 2-й номер сложности по 5-балльной шкале был ликвидирован около 18.10. В Главном управлении напомнили что ровно 10 лет назад в здании редакции уже был пожар который принёс значительный материальный ущерб.

ADVERBS OF CAUSE: из-за, от

In this unit we look at the use of the prepositions **из-за** (+ gen.) and **от** (+ gen.) in prepositional phrases of cause.

- **Из-за** ('because of') is used to refer to a phenomenon which impacts negatively on a situation:

  Пожарные не могли пробиться к   'The firemen could not reach the
  зданию из-за пробок на дорогах.   building because of traffic jams.'

- **От** ('from') is used to refer to the source or origin of some phenomenon, very often to the cause of an attitude, a state of mind or of health (positive or negative):

  Пожар начался от искры.   'The fire was caused by a spark.'

Exercise 11

Insert the appropriate preposition (**из-за** or **от**) in the spaces provided.

1   А спонсоров привлечь ___ наших идиотских законов очень трудно.
2   В 1992 году я был пьян ___ свободы.
3   Дочь у меня неплохо устроилась — 120 рублей получает в клубе, 89 выходит чистыми. В основном конечно, ___ огорода живём.
4   В Америку Вагрич уехал ___ квартирного вопроса.
5   НТВ сообщило, что ___ лейкемии умер американский космонавт.
6   У неё там много работы, я даже не часто ___ этого с ней могу общаться.
7   Уж мало нас осталось старых друзей. ___ этого я так и дорожу твоей дружбой.
8   Я напьюсь ___ несправедливости жизни и жалости к людям.
9   — А ссорились-то ___ чего? — Как правило, ___ какого-то пустяка.

LEXIS: FIGURATIVE USES OF THE VERB приносить

The verb **приносить** ('to bring') may be used figuratively in the sense of 'to cause', 'to be the cause of', 'to occasion':

Десять лет назад в здании редакции   'Ten years ago in the editorial
уже был пожар который принёс   building there had (already) been
значительный материальный   a fire which caused significant
ущерб.   material damage/loss.'

When the verb **приносить** is negated, the object goes into the genitive case.

Exercise 12

Insert appropriate noun phrases in the spaces provided. Select your answers from the list supplied below.

Noun phrases: большую прибыль; доход сто миллионов долларов; зримых политических и экономических плодов; мира; моральное удовлетворение; пользу; свои результаты; сто, двести, тысячу процентов

1   А кому я смогу принести ___?
2   Кому-то приносит ___ то, что они совершили добрый поступок.
3   Наше преприятие приносит государству ___.
4   Наша высшая исполнительная власть наконец-то поняла, что любые реформы бессмысленны, бесперспективны и не могут считаться успешными, если они не приносят ___.
5   По расчётам, музей принесёт ___ в год.
6   Примаков прекрасно осознавал, что первый вояж в Белград не принесёт ___ на югославскую землю.
7   Упорный труд принёс ___.
8   Через год эта бумага начнёт приносить ___ дохода.

UNIT TWELVE

Narratives in the future

Exercise 1

Match the words with the definitions.

(a)

1	прибывает	i	главный город государства
2	предстоящее	ii	передали, сказали
3	во второй половине дня	iii	глава правительства
4	сообщили	iv	население, группа людей
5	столица	v	приезжает
6	премьер	vi	будущее
7	община	vii	после обеда

(b)

1	заключительный	i	визит
2	посещение	ii	поедет (т.е., полетит)
3	затем	iii	последний
4	беседа	iv	после этого
5	глава	v	разговор, переговоры
6	отправится	vi	начальник

Exercise 2

Re-order the sentences so that the text reads more naturally. Use the clues supplied below.

Clues: the text is structured as follows:

1   Head line
2   Introductory sentence indicating who is doing what, when, where and why
3   Source
4–7 The planned itinerary

1   Второй, заключительный день визита Биньямин Нетаньяху начнёт с посещения одной из московских школ.
2   Затем состоятся беседа премьер-министра Израиля с главой МИД РФ Игорем Ивановым и встреча с премьером Евгением Примаковым.
3   Москву посетят Нетаньяху и Арафат.
4   Об этом сообщили вчера в МИД РФ.
5   После посещения Москвы Биньямин Нетаньяху отправится в Тбилиси.
6   Премьер-министр Израиля Биньямин Нетаньяху прибывает в предстоящее воскресенье во второй половине дня в Москву с двухдневным рабочим визитом.
7   Согласно программе визита израильского премьера, который прилетит в российскую столицу из Киева, в воскресенье вечером он встретится с представителями еврейской общины в Москве.

ESTABLISHING AND MAINTAINING A RELATIONSHIP WITH ONE'S AUDIENCE

Unlike most of the texts in this section, the official announcement about Natanyahu's visit makes no attempt to establish or maintain any relationship with the readership.

FRACTIONS: половина

The word **половина** 'half' declines like a feminine noun. The noun phrase that it introduces is in the genitive case. It is in the genitive singular if it refers to a single object:

половина яблока   'half the apple'

or an uncountable substance or concept:

на половине пути   'halfway there'

and the genitive plural if it refers to countable objects or people:

половина опрошенных   'half the respondents'

Where whole numbers are followed by a half this is expressed using the preposition **с** (+ inst.):

два с половиной километра   'two and a half kilometres'

Половина is also used in expressions of time to refer to parts of days:

во второй половине дня   'in the afternoon',
                              literally 'in the second half of the day'

Exercise 3

Insert the word **половина** in the appropriate form in the spaces provided.

1   А на вопрос, изменилась ли к лучшему жизнь в городе, положительных ответов больше —.
2   Больше — человечества осудило агрессию НАТО.
3   Их дом разделён на две —. Одна — — Петра, другая — Ольги и детей. В его — — вещи, аппаратура, книги. Хотя что там точно есть, сказать сложно, — он никого туда не пускает, даже жену.
4   К середине XXI века доля русских в Федерации составит уже меньше —.
5   Отель и казино (это единое сооружение) стоили два с — миллиарда долларов.
6   Отец очень много работал: уходил рано утром и приходил поздно вечером. А я должен был вовремя ложиться спать: до тех пор, пока мне не исполнилось 15 лет, я был обязан уже в — десятого быть в постели.
7   Ураган «Митч», разгромивший — Центральной Америки, наконец успокоился.
8   Я дочь военного, почти — из своих сорока прожила в гарнизонах на Дальнем Востоке.

ADVERBS OF PURPOSE

The preposition **с** (+ inst.) is used to describe the purpose of an official visit:

с двухдневным рабочим визитом   'on a two-week working visit'

Exercise 4

Match the beginnings and ends of the following sentences.

1	В Москве с большим благотворительным концертом	i	в Москву.
2	В парижской Сорбонне произошло эпохальное событие — перед профессорами выступила	ii	выступил Российско-Американский молодёжный оркестр.

3	Глава МИД Саудовской Аравии Сауд аль-Фейсал прибудет 29 марта с визитом	iii	ехал в Пентагон с братским визитом.
4	Знаменитый американский певец приехал	iv	с анархической критикой буржуазной культуры, индивидуалистическим культом сильной личности.
5	Министр иностранных дел Саудовской Аравии принц Сауд аль-Фейсал Аль Сауд прибыл вчера днём	v	с концертами в СССР.
6	Министр обороны Японии	vi	с лекцией леди Хиллари Клинтон.
7	Президент Сирии Хафез Асад 12–13 апреля посетит	vii	с рабочим визитом в Москву.
8	Ницше Фридрих — немецкий философ, представитель иррационализма и волюнтаризма, выступал	viii	Россию с официальным визитом.

WORD BUILDING: -ание, -ение

Note the use of nouns derived from verbs, often with the suffix **-ание** or **-ение**, after the preposition **после**:

После посещения Москвы Биньямин Нетаньяху отправится в Тбилиси.	'After visiting Moscow Benyamin Natanyahu will leave for Tiblisi.'

(See Unit 3.)

Exercise 5

In the dictionary find nouns derived from the verbs listed below and insert them in the following sentences as appropriate.

Verbs: выступить, голосовать, изменить, лечить, окончить, освободить, падать, пребывать

1   Будут ли у Игоря дети после __?
2   Говорят, после долгого __ на Севере вообще и в Норильске в частности, в организме европейца происходят необратимые __.
3   И вот недавно мечта стала исполняться: после __ в шоу «Самые большие таланты» её чудесный голосок привлёк компанию «Сони».
4   Норвегия — после всенародного __ — провозгласила свою независимость от Швеции.

5   Они во все времена были преданы Отечеству, несмотря на то, что
    лишь в 1991 году, после __ коммунистического режима, смогли
    сменить паспорта беженцев на российское гражданство.
6   После досрочного __ работал кочегаром.
7   После __ Московского университета в 1837 г. как «смелый
    вольнодумец, весьма опасный для общества» был сослан в Пермь,
    затем в Вятку.

ADVERBS OF TIME

начать(ся) с чего

The expression 'to begin with' is rendered in Russian by **начать с** (+ gen.):

Заключительный день визита	'Benyamin Netanyahu will
Биньямин Нетаньяху начнёт с	begin the final day of his visit
посещения одной из московских школ.	with a trip to a Moscow school.'

Exercise 6

Complete the following sentences by selecting a noun/pronoun from the list below and putting it into the appropriate form.

Nouns: встреча, импровизация, молитва, нуль, то

1   Трапеза в доме Романовых начинается с __.
2   Концерт, в котором звучали сочинения Прокофьева, Моцарта и
    Брамса, начался с __ — сербский виолончелист и албанский
    фаготист исполнили пьесу, посвященную миру.
3   Сколько раз человек начинал с __ и поднимался. Вот характер!
4   Начнем с __, что министром культуры я бы не стал никогда.
5   Первый после отпуска официальный рабочий день министра
    обороны РФ Игоря Сергеева начался со __ с президентом
    России.

время

The noun **время** is used in a number of adverbials of time:

в ближайшее время	'in the near future'
в настоящее время	'at present'
в наше время	'in our time'
в последнее время	'for the last while'
со временем	'with time'
на время	'for a while'

со времён . . .	'since the time of . . .'
одно время	'at one time'
к тому времени	'by that time'
тем временем	'in the meantime'

It is also used in the compound preposition **во время** ('while') which governs the genitive case:

| **Во время беременности нельзя курить.** | 'During pregnancy one should not smoke.' |

The passing of time is expressed using the verb **пройти**:

| **Пройдёт время.** | 'Time will go by, after a while.' |

Spending time is expressed using the verb **тратить**:

| **тратить время** | 'to spend time' |

Exercise 7

Insert the word **время** in the appropriate form in the spaces provided.

1 __ изменились. Нас волнуют другие проблемы.
2 Денег у меня много, а __, чтобы их тратить, слишком мало.
3 Кажется, тут ничего не изменилось со __ Советской власти.
4 Как многие молодые таланты своего __, Пётр Караченцов окончил графический факультет ВХУТЕМАСа.
5 Он как-то в последнее __ детективными увлекается.
6 Калоши мне долго служили, но со __ порвались.
7 Тем __ пожарные расчёты долго не могли пробиться к зданию из-за пробок на дорогах.
8 500 жилых кварталов было уничтожено во __ землетрясения.

Exercise 8

Insert appropriate adjectives in the spaces provided. Select your answers from the list supplied below.

Adjectives: все, какое-то, настоящее, недавнего, некоторое, последнее, свободное, своего

1 В Кёльне существует множество кафе и баров, где геи собираются и проводят своё __ время.
2 В __ время в ФИФА входят около 200 футбольных ассоциаций.
3 В __ время посетителей мавзолея стало меньше.
4 Горецкая, между прочим, одна из красивейших женщин __ времени.

5   До — времени этой территорией владела Англия.
6   Знаете, после института, когда ему негде было жить, он переехал
    на — время к нам.
7   Они во — времена были преданы Отечеству.
8   Через — время она протянула руку.

ASPECTS

Verbs in the present tense can have future reference. See Unit 6: **идти** and
ехать:

Биньямин Нетаньяху прибывает   'Benyamin Netanyahu is due to
в предстоящее воскресенье.   arrive next Sunday.'

This first sentence in the present tense provides a summary of the news item:
each component of that visit is then charted by verbs in the perfective future
in the remainder of the text. Much as in the past tense, verbs in the future
perfective function as links in the sequential chain of a narrative.

Exercise 9

Insert appropriate verbs in the perfective future in the spaces provided. Select
the verbs from the list supplied below.

Verbs: отправится, побываете, поедут, полетаете, посетят, пройдёт,
смогут, состоится, съедутся

1   Исполняющий обязанности премьер-министра Владимир Путин
    завтра вечером — в рабочую поездку в Томск.
2   Заседание правительства, на котором планируется рассмотреть
    проект бюджета-2000 — 19 августа.
3   С 4 по 15 июля в Государственном выставочном зале «Новый
    Манеж» — выставка живописи, фотографии и скульптуры
    «Жернова истории».
4   Благодаря изобретению двух американских инженеров 100 человек
    за раз — полюбоваться Землей из космоса, с высоты трёхсот
    километров. Хотите на этот аттракцион? Вы — на настоящем
    космическом корабле, «припаркуетесь» к станции и — в роли
    космонавтов.
5   В подгруппе взрослых пар класса «А» победили Татьяна Бакланова
    и Дмитрий Тарасов. Именно они — на чемпионат мира по
    акробатическому рок-н-роллу в Испанию.

6 В ночь с 6-го на 7-е января нас ждёт самый что ни на есть настоящий
   юбилей — 2000 лет от Рождества Христова! В Вифлеем __ гости со
   всего мира. Более пятисот гостей из России, в числе которых
   Патриарх всея Руси, Президент России и нынешний мэр Москвы, __
   в эти великие дни Святую Землю.

Exercises 10 and 11

In the following two exercises, all sentences have been taken from Horoscopes
in «Огонёк». The sentences in Exercise 10 are all in the present imperfective,
whereas the verbs in Exercise 11 are in the future perfective.

Exercise 10

Match the beginnings and ends of sentences.

1 Любовь, похожая на сон, светит неженатым,	i	в поездку.
2 Удачная неделя впереди у Тельца — в понедельник,	ii	Весам.
3 Должники возвращают старые долги,	iii	вторник реальны поездки или хорошие новости издалека.
4 Личные отношения временно	iv	дни.
5 Финансовая Фортуна улыбается	v	незамужним и недовольным семейной жизнью.
6 Служебный роман благополучно	vi	отходят на второй план.
7 В среду, четверг можно узнать	vii	период впереди у них.
8 Активный	viii	развивается.
9 Среда, четверг — трудные	ix	что всегда приятно.
10 В конце недели есть шанс отправиться	x	чью-то неприятную тайну или самому стать жертвой интриг.

Exercise 11

Complete the following sentences by selecting an appropriate word or phrase
from the list supplied below.

Words and phrases: встречу, друзей, друзьями, заработок, найдёт, начале,
недели, новости, отправится, отправятся, получат, получит, придут,
состоится, успехов

1 ОВЕН. Овен __ хороший шанс улучшить свои финансовые позиции.
2 ТЕЛЕЦ. Важная встреча __ в конце __.

3   БЛИЗНЕЦЫ. Близнец добьётся ⎯ на трудовом фронте.

4   РАК. Раки ⎯ в поездку или получат хорошие ⎯ издалека.

5   ВЕСЫ. Они ⎯ хорошие деньги в понедельник, вторник, а также и в субботу. Безработный ⎯ работу, если, конечно, её искал, а служащий получит дополнительный ⎯.

6   СКОРПИОН. В понедельник, вторник Скорпион получит хорошие новости от ⎯ издалека или сам ⎯ на ⎯ с ними.

7   СТРЕЛЕЦ. Стрелец получит крупную сумму в ⎯ недели, может быть, и не одну.

8   ВОДОЛЕЙ. Деньги обязательно ⎯ в субботу, воскресенье, эти дни ⎯ лучшие для коммерсантов.

9   РЫБЫ. В понедельник, вторник удастся уладить проблемы с ⎯ .

UNIT THIRTEEN
Adjectives

ADJECTIVES: LONG AND SHORT FORM

In Russian many (but not all) adjectives have two forms, a so-called long form and a so-called short form. The main difference between these forms is that *only* the long form may be used attributively, i.e. usually before the noun:

прекрасная квартира   'a beautiful flat'

while the short form may *only* be used predicatively, i.e. after a verb such as 'to be', 'to become', etc.:

Квартира прекрасна.   'The flat is beautiful.'

The long form may also be used predicatively:

Квартира прекрасная.   'The flat is beautiful.'

Adjectives with no short form include those ending in **-ский/-ской** – **ирландский** ('Irish') – and **-ний, -шний**: **осенний** ('autumn(al)'), **домашний** ('domestic').

Formation of short adjectives

Because the short form is only used predicatively, it only ever appears in the nominative case, and thus only has four forms: masculine, feminine and neuter singular and plural. To form the short form, remove the long-form ending (**-ый, -ой**). Add **-а, -о** and **-ы** for the feminine, neuter and plural forms:

	Short form			
Long form	*m.*	*f.*	*n.*	*pl.*
добр-ый ('good')	добр	добра	добро	добры
прост-ой ('simple')	прост	проста	просто	просты

Sometimes the short-form adjective has a slightly different meaning from the long form:

хороший	'good'; and	**Он болен.**	'He is sick.'; and
хорош/а/и	'good looking'	**Он больной.**	'He is a sick man.'

In many cases the vowel **e** or **o** must be inserted between the last two consonants of the masculine singular form of the short adjective, e.g. for those ending in:

- **-ный**: **красный** ('red') — **красен**; and
- **-кий**: **близкий** ('close', 'near') — **близок**.

Exercise 1

Match the following words from the Trifonov diary entry below with their dictionary definitions.

1	городишко	i	покрытый листьями в течение всего года
2	малолюдный	ii	бесхитростный, добродушный
3	вечнозелёный	iii	старый и хороший
4	старенький	iv	где мало народу
5	простодушный	v	маленький, грязноватый город

21 января

Зимняя Ялта прекрасна. Напоминает городишко из итальянских фильмов: старый, грязный, каменный, малолюдный, и — море. На кофейно-серых горах пятнами лежит снег. Тёмно-синее море, бледно-синее небо. По набережной гуляют люди, одеты по-разному: некоторые в пиджаках как летом, а иные в пальто и в меховых шапках.
В парке необыкновенно зеленеет всякая вечнозелёная флора. Пряный лекарственный запах лавра. Вечером становится холодно.
Вечером сидят в вестибюле и болтают.
К. Г. Паустовский — старенький и простодушный. Его мучает астма, а всё же он всегда весел, бодр, рассказывает смешные истории, и сам смеётся анекдотам Казакевича . . .
Константин Георгиевич стал забывчив и рассеян. Старость не щадит никого.

27 января

Приехал Арбузов. Утром выпал снег. Он падал и таял. На горах снега много. Стало холодно . . .
Мне совершенно не работается. Какой-то кошмар! Я только жру, сплю, болтаю и толстею.

(Триф., ДН, июнь 1998)

Exercise 2

Identify words in the Trifonov text above containing the roots **стар-**, **зелен-**, **толст-** ('old', 'green', 'fat') and then match those words with their English equivalents. Write the words in their dictionary form (nouns in nom. sg.; verbs in the infinitive).

1 (nice) little old (man)
2 get fat
3 turn green
4 old age
5 old

Exercise 3

Write out all the short-form adjectives in the Trifonov diary extract. Write out their long-form equivalents.

Exercise 4

Select the appropriate root to complete the following sentences.

Roots: -стар-, -сказ-, -молод- (or -млад-)

 1 В комнате с __енцем курить нельзя.
 2 Дети любят слушать __ки.
 3 К __ости он стал плохо видеть.
 4 Мать часто рас__ывала детям сказки.
 5 Машина у__ела.
 6 __ой картофель очень вкусный.
 7 Она часто жалела об уходящей __ости.
 8 Отец заметно __еет.
 9 Пишите мне по __ому адресу.
10 Рас__ы Чехова очень популярны.
11 __ое поколение часто и зря заботится о __ёжи.
12 __ухи продавали яблоки и горячую картошку.
13 Там просто __очная красота.
14 Эта причёска её __ит.

WORD BUILDING: VERBS FROM ADJECTIVES

In Russian it is often possible to form a verb from an adjective by adding the verbal suffix **-еть** to an adjectival root, with the meaning of something becoming more of the quality denoted by the adjective:

красный ('red') → **красн-** + **-еть** → **краснеть** ('to grow red', 'to blush', 'to redden').

Exercise 5

From the Trifonov diary extract above identify and write out the infinitive form of the verbs formed from adjectives. Write out the stages of derivation from adjective to verb as in the illustration above (**красный**).

Exercise 6

(a) In the following sentences insert the appropriate form of the verb from the list below. All verbs are in the present tense.

Verbs: молодеть, краснеть, краснеть, стареть, стареть, холоднеть, худеть, чернеть

(b) After each sentence, write out the adjective from which the verbs derive.

1 Руки __ от холода.
2 Население __.
3 Отец заметно __.
4 К вечеру стало __.

5 Он всегда __ от стыда.
6 Серебро __.
7 Тебе надо __: не ешь мучного.
8 Моды __.

ADJECTIVES: HARD AND SOFT

Adjectival endings in Russian can be either hard:

старый, грязный, каменный, малолюдный	'old', 'dirty', 'stony', 'thinly populated'

or soft, such as **синий** 'dark blue' in:

тёмно-синее море, бледно-синее небо	'the dark blue sea, pale blue sky'

• Hard adjectives end in **-ый** or **-ой**:

красн-ый, красн-ая, красн-ое, красн-ые	'red'
молодой, молодая, молодое, молодые	'young'

• Soft adjectives, of which there are about 30, end in **-ий**: **зимн-ий, зимн-яя, зимн-ее, зимн-ие** ('blue'). Most refer to time or place:

утренний	'morning'	**средний**	'middle', 'average'
осенний	'autumn(al)'	**внешний**	'outer', 'external'
ранний	'early'	**верхний**	'upper'
недавний	'recent'	**нижний**	'lower'
сегодняшний	'today's'		

Exercise 7

Complete the phrases with a soft adjective in the appropriate form. Select your answers from the list supplied below.

Soft adjectives: вечерний, внутренний, дальний, древний, поздний, последний, пятилетний, раний, соседний, средний

1 «__ Москва»	6 В __ доме
2 В __ времена	7 __ вечер
3 __ Восток	8 В __ вагоне
4 Министерство __ дел	9 __ утро
5 __ план	10 Человек __ роста

Exercise 8

Match the pairs of sentences so that they make sense.

1	Она часто смеётся.	i	Она очень худая.
2	Он никогда не улыбается.	ii	Она скучный человек.
3	С ней неинтересно разговаривать.	iii	Он стал почти лысым.
4	Его все знают.	iv	Она очень любопытный человек.
5	У него почти нет волос.	v	Она очень умная.
6	Она хочет всё знать.	vi	Он у нас грустный товарищ.
7	Она всё сразу понимает.	vii	Она очень весёлая.
8	Она почти не ест.	viii	Он известный человек.

ADJECTIVES: COMPOUND

A common way of forming compound adjectives in Russian is to combine two adjectival forms, the first of which appears in the neuter short form (-o). Only the final adjectival ending of the resulting compound adjective then declines. Compound adjectives are sometimes separated by a hyphen – **светло-красный** ('bright red') – and sometimes not:

Он живёт в краснокирпичном доме.   'He lives in a red-brick house.'

Exercise 9

Identify and write out in the masculine singular form:

(a) the compound adjectives in the diary extract above; and
(b) the masculine singular form of the first part of the compound forms.

SUPERLATIVE DEGREE OF ADJECTIVES

In Russian there are two forms of the superlative degree for adjectives: the 'compound' superlative and the 'simple' superlative.

The 'compound' superlative is made up of the word **самый** (here: 'the most') + adjective: **самый красивый** ('the most beautiful'). Both parts decline as adjectives:

Я жила в самой большой квартире.   'I lived in the biggest flat.'

All adjectives may form a superlative degree in this manner.

The 'simple' superlative – restricted to a limited number of adjectives – is composed by adding the suffix **-ейший /-айший** to the adjectival root:

* **-ейший: главн-ый → главн-ейший** ('the most important'), **главнейшее событие года** ('the most important event of the year')
* **-айший** is added when the adjectival root ends in **г**, **к** or **х**, which become **ж**, **ч** and **ш**, respectively:

г → ж: строгий → строж-айший	'the sternest', 'the most strict'
к → ч: велик-ий → велич-айший	'the shortest'
х → ш: тих-ий → тиш-айший	'the quietest'

The simple superlative declines like **хороший** ('good').

Note also **близкий → ближайший** ('the nearest', 'the next').

Often simple superlatives express an extreme degree of the quality denoted by the adjective, with no comparison implied:

В Сицилии произошло   'An extremely powerful earthquake
сильнейшее землетрясение.   took place in Sicily.'

To intensify the simple superlative, one may add the prefix **наи-**:

Вода здесь наичистейшая.   'The water here is extremely clean.'

Exercise 10

Complete the phrases with simple superlatives (**-ейший/-айший**) in the appropriate form choosing from the adjectives below.

Adjectives: близкий, богатый, великий, высокий, древний, интересный, краткий, крупный, честный, чистый

1	__ история	6	__ вопрос
2	__ специалист	7	__ из наших современников
3	__ метро	8	__ страна
4	__ вздор	9	__ горы
5	__ человек	10	в __ сроки

Exercise 11

Replace the adjectives in brackets with the appropriate form of the superlative degree (compound = compound superlative; simple = simple superlative).

1 Юбилей Аллы Борисовны Пугачёвой, одной из (популярный, compound) эстрадных певиц.
2 В 1894г., родился Пётр Леонидович Капица, один из (крупный, simple) физиков XX столетия.
3 В 1973 году, на Новой Земле был произведён подземный испытательный ядерный взрыв, (мощный, compound) из советских подземных ядерных взрывов.
4 В 1874г., родился Степан Павлович Рябушинский, (богатый, simple) банкир и преприниматель, известный ещё и как (крупный, simple) в России собиратель икон.
5 Вы одна из (красивый, compound) женщин, которых я встречал когда-либо.
6 Скажите, пожалуйста, где (близкий, simple) метро?
7 Горецкая, между прочим, одна из (красивый, simple) женщин всего времени.

Exercise 12

Replace the adjectives in brackets with the appropriate form of the superlative degree (compound = compound superlative; simple = simple superlative).

Встречайте: Миссис Москва

На подиуме — молодая красивая жещнина. Смущена, взволнована, но в её облике — огромное чувство собственного достоинства: «Меня зовут Галина. У меня шестеро детей». Ошалелая пауза . . . Зал взрывается громом оваций. 29 апреля (красивый, compound) мамы Москвы собрались на первый отборочный тур-презентацию конкурса «Миссис Москва-99» в известную гостиницу Москвы «Украина». Жюри предстояла нелёгкая работа — более чем из сотни участниц выбрать 30 (самые-самые, compound) . . . И хотя главный человек агентства президент Алла Маркина назвала этот тур первым этапом подготовительной работы — праздник состоялся! Были, конечно, и слёзы, и обиды, и разочарования. Но участие в таком конкурсе красоты разве уже не удача? 25 июня 30 (красивый, simple) женщин столицы продолжат борьбу за титул «Миссис Москва-99» в «Петровском пассаже» — одном из (старый, simple) архитектурных памятников столицы. Пассаж, как известно, обязан своим появлением Вере Фирсановой-Горецкой, между прочим, одной из (красивый, simple) женщин своего времени.

(О, май 1999)

Exercise 13

Match the beginnings and ends of the extracts in each column so that they make sense, putting the adjectives in brackets in the appropriate form of the compound superlative form (**самый** + adjective).

1 В Кёльне существует множество кафе и баров, где они собираются и проводят свое свободное время. (большой) ночным клубом является «Лу-Лу».

i —это (лучший) балетный театр в мире!

2 Фараоны [. . .] тоже любили головоломки.

ii и раньше не раз меняла свой облик.

3 Да! Да! Да! И ещё раз да! Театр Владимира Василева и Натальи Касаткиной

iii её чудесный голосок привлёк компанию «Сони».

4 (Стильный) певица советской эстрады, Лайма Вайкуле

iv Здесь можно встретить итальянцев, испанцев, китайцев, турок, бразильцев — словом, людей (разный) национальностей.

5 (Большой) разочарование то,

v — один из (заметный) и (скандальный) фильмов Московского фестиваля.

6 И вот недавно мечта стала исполняться: после выступления в шоу «(большой) таланты»

vi что я уже давно не молод.

7 Фильм «Счастье» Тодда Соландза

vii (сокровенный) людские мечты.

8 Говорят, под Новый год сбываются

viii Об этом свидетельствует проданная недавно в Лондоне самая древняя из известных нам и, безусловно, (дорогой) из головоломок.

Exercise 14

Match the beginnings and ends of sentences in both columns, putting the adjectives in brackets in the appropriate form of the simple superlative form (**-айший/-ейший**).

1 Фактически речь идёт о создании российского аналога (крупный) западных агентств,

i к нашей жизни не имеющий.

2 Это сказочный персонаж, ни (малый) отношения

3 Автор (славный) на русском языке эротической поэмы вовсе не Иван Семенович Степанович,

4 Ну откуда такая готовность

5 Россия есть некий ареал с ореолом, [. . .] где самым ценным продуктом являются женщины изумляющей красоты и (нежный) поэты,

ii а Александр Сергеевич.

iii где (вредный) пища пельмени есть (любимый) национальное кушанье.

iv таких, скажем, как «Рейтер».

v исследовать (мелкий) движение души человека?

Наи-

Note the prefix **наи-** in the following superlative adjectives:

наибольший	'the greatest', 'the largest'	**наивысший**	'the highest'
наилучший	'the best'	**наименьший**	'the least'
наихудший	'the worst'		

The superlative may also be formed by placing the adverb **наиболее** ('the most') or **наименее** ('the least') before the adjective:

Сегодня мы представляем наиболее важные фрагменты этого интервью.

'Today we present the most important sections of this interview.'

Наиболее is indeclinable. This construction is characteristic of newspaper style.

Exercise 15

Match the beginnings and ends of the extracts in both columns, changing the adjectives in brackets to the appropriate form where necessary.

1 (Наибольший) успехом пользуется специальность «менеджмент»

2 В октябре 1964 года, как известно, товарищи по партии сняли Никиту Сергеевича Хрущёва со всех постов,

i лишили всех должностей и, пожелав всего (наилучший), отправили на пенсию.

ii — до 6 соискателей на одно место.

<table>
<tr><td>3</td><td>(Наименьший) интерес
вызвал</td><td>iii</td><td>(Наибольший) успеха добилась
Конституционно-
демократическая партия.</td></tr>
<tr><td>4</td><td>В России состоялись выборы
в I Государственную думу.</td><td>iv</td><td>английский, латинский и
древнегреческий языки.</td></tr>
<tr><td>5</td><td>(Наибольший) интерес
вызывали</td><td>v</td><td>скучнейший фильм Михалкова.</td></tr>
</table>

Exercise 16

Match the beginnings and ends of the extracts in both columns, putting the adjectives in brackets in the appropriate form using the **наиболее** construction.

1	Быть может, (яркий) воплощением этой темы явился	i	(Интеллигентный) пишут заявление об альтернативной службе.
2	А с молодыми срочниками вообще кошмар какой-то.	ii	ставят именно у нас свои (успешный) спектакли.
3	Сверхскоростной пикировщик АНТ-58	iii	и даже не массовая гибель мирных жителей, а реакция Сталина на нападение Германии.
4	Эти режиссёры, как правило,	iv	Один из (активный) организаторов массовых репрессий 30–40 годов.
5	Жданов Андрей Александрович — партийный и государственный деятель.	v	документальный эпос Микаэля Главоггера «Мегаполисы».
6	(Поразительный) картина первых часов Великой Отечественной войны — [. . .] не бомбардировки советских городов и сел	vi	— (выдающийся) самолёт советской авиапромышленности в начале войны.

Exercise 17

Complete the following short article by inserting the adjectives below in the gaps in the appropriate form.

Adjectives: дебютный, миланский, оперный, самый большой, самый молодой, чудесный

__ (1) дива

С трёх лет Шарлотта Черч мечтала о славе. Она хотела стать __ (2)

дивой и петь партию мадам Баттерфляй в __ (3) «Ла Скала». И вот недавно мечта стала исполняться: после выступления в шоу «__ (4) таланты» её __ (5) голосок привлёк компанию «Сони». Фирма подписала с 12-летней малышкой контракт на 100 тысяч фунтов стерлингов. Выпущенный ею __ (6) альбом будет называться скромно: «Голос ангела».

(О, апрель 1999)

SHORT FORM NEUTER ADJECTIVE/ADVERB AS PREDICATE

Russian adverbs ending in -o – which have the same form as the neuter short form of the adjective: **плохо** ('badly'), **хорошо** ('well'), **быстро** ('quickly') – are very frequently used in impersonal sentences as predicates:

- **быть** ('to be'):

   Было ужасно жарко и душно.   'It was awfully hot and stuffy.'

- **становиться/стать** ('to become'):

   Вечером становится холодно.   'In the evening it gets cold.'

If expressed in such sentences, the person goes into the dative case:

   Мне холодно (жарко, душно).   'I am cold (hot, stuffy).'

To express the same notion in the past or future tense, **было** or **будет** is used, regardless of the gender or the number of people:

   Мне (Ей, Ему, Им) было жарко.   'I (He, She, They) was/were hot.'

(See *Basic Russian*, Units 38, 39, **можно, надо** . . . + dat.)

   This construction is used to render 'it is' in sentences such as **зимой холодно** ('it is cold in winter') or **хорошо, что он пришёл** ('it is good that he came'), and 'I am' in sentences such as **мне скучно** ('I'm bored'). (See also Unit 10.)

LEXIS: бывать

бывать ('to be') has a meaning of frequency or repetition:

Мне бывает так грустно, что я иногда плачу.	'I get so sad that I sometimes cry.'
Он часто бывал в доме Петрашевского.	'He was often at the home of Petrashevskiy.'

Exercise 18

Complete the following sentences by inserting the appropriate phrases from the list below.

Phrases: вольно, мне стало гордо, мне трудно, реально, страшно, трудно

1   ___ заглядывать так далеко в глубь времён.
2   Как-то я спросила одну клиентку, какой фирмы у неё костюм. Оказалось, что нашей, отечественной — «Панъинтер». ___!
3   Хочу в круиз, но ___!
4   И я написал книгу, которую ___ прочитать по её объёму.
5   Камешки в него мечут все те же сальери: при жизни Булата они занимались этим исподтишка, теперь им ___ пакостить.
6   Вполне ___ открыть этот памятник через год — когда Окуджаве исполнится 75, а Пушкину 200.

Exercise 19

Complete the sentences by inserting the appropriate adjective from the list below in its appropriate form, as in the model.

Model: интересный: Мне здесь очень ___ / Она очень ___ девушка. →
        Мне здесь очень интересно. / Она очень интересная
        девушка.

Adjectives: жуткий, поздний, понятный, скучный, трудный, удобный, хороший, ясный

1   Кресло очень ___ / Вам ___ сидеть здесь?
2   Вам всё ___? / Вам ___ мой вопрос?
3   Ваша мысль мне ___ / Ей не ___ было.
4   Здесь ___ / Книга очень ___.
5   В этом году была ___ осень / И уже ___ мечтать?
6   Мне становится ___ за её детей, но дяде Саше ещё хуже. / У меня ___ насморк!
7   У неё сегодня ___ настроение. / ___ в краю родном!
8   Нам пока ___ говорить по-русски. / Он поставил мне ___ задачу.

IMPERSONAL CONSTRUCTIONS

Мне совершенно не работается.   'I was completely unable to work.'

In this construction (**работается**) the verb acquires the particle **-ся** and goes into the 3rd p. sg:

Здесь хорошо живётся!	'Life is good here!'
Слушается хорошо.	'It is good (pleasant) to listen to.'

In the past tense, the verb goes into the neuter, while the person, if mentioned, goes into the dative case:

Мне не спалось.	'I could not get to sleep.'

This construction indicates action independent of the will of the person to whom it refers.

UNIT FOURTEEN
Pronouns

Exercise 1

(a) Match the following Russian words and their English definitions.

(b) Complete the sentences using the words or phrases given below in the appropriate form. Verbs are given in the correct aspect.

1	залатать (pf.)	i	irreplaceable
2	калоши	ii	everyday
3	незаменимый	iii	to tear, to get torn
4	перчатки	iv	to collapse, to fall apart
5	повседневный	v	a film or photo shoot
6	порваться (pf.)	vi	to patch
7	развалиться (pf.)	vii	the out-going century
8	съёмки	viii	galoshes
9	уходящий век	ix	bureaucrat
10	чиновник	x	gloves

1 На день рождения мне купили __ из кожи.
2 Она ходила по квартире в __ одежде.
3 Они встретились на __. Они оба артисты.
4 Он работает в министерстве, а считает, что не __.
5 Вчера на приёме чулки опять __.
6 Из-за грозы стог сена __.
7 Заместитель найдётся. __ нет.
8 Вообще-то говоря, его песня спета. Он знаменитость __.
9 __, или галоши, — это низкая резиновая обувь, которую надевают поверх ботинок.
10 Старую рубашку __.

Exercise 2

Read the text *Музей XX века* and decide whether the following statements are true (T) or false (F).

1   В первой половине XX века в Советском Союзе далеко не все
    носили калоши.
2   Михаил Глузский занёс бы калоши в музей XXI века.
3   Михаил Глузский купил себе калоши в Норвегии.
4   Михаил Глузский народный артист.
5   Михаил Глузский до сих пор носит калоши.
6   Приятели Михаила Глузского прислали ему новые калоши.
7   Те калоши, которые купил Михаил Глузский в Швеции, имеют
    красную подкладку внутри.
8   Шведские калоши долго служили.

Музей XX века

Что я занёс бы в музей вещей уходящего века? И думать нечего —
калоши! А что вас так удивляет? Это ведь очень вещь удобная и
когда-то просто незаменимая. В первой половине XX века почти все в
России, в Советском Союзе носили калоши — и солидные чиновники,
и дамочки, и дети . . . И странным казалось их не иметь. Кстати, я до
сих пор ношу калоши. Представьте себе — на исходе века народный
артист России, автомобилист, между прочим, — и в калошах.
Смешно? Они у меня особенные — купил как-то в Швеции, на съёмках.
Они отличаются от тех калош, к которым мы здесь привыкли — с
красной подкладкой внутри. Те калоши просто резиновые, надеваются
на ботинки как резиновые перчатки. Они мне долго служили, но со
временем порвались. Пытался их как-то латать, подклеивал —
бесполезно, развалились. Потом я просил приятелей, которые ехали
за границу, привезти мне калоши. Как у Чуковского: «Мой милый,
хороший, пришли мне калоши . . . » Но оказалось, что ни в одной
европейской стране калоши не продаются. За исключением
скандинавских стран. В конце концов я сам выехал на съёмки в
Норвегию и там купил себе калоши. Аж две пары. Одни —
повседневные, а другие надеваю по парадным случаям.
Михаил Глузский

(О, март 1999)

Сделано в Латвии

Самая стильная певица советской эстрады, Лайма Вайкуле и раньше
не раз меняла свой облик. «Я не меняюсь, просто меня много, —
однажды сказала она. — У каждой меня своя причёска, макияж, обувь.
Я могу выйти на улицу в любом из своих сценических костюмов,
потому что я их шью не для сцены, а для жизни . . . ».

(О, июнь 1998)

STRUCTURING DISCOURSE: LINKING PARTS OF SPEECH

There are numerous ways to connect parts of speech in Russian, some of which are examined below.

Conjunctions

To express the idea of 'both . . . and . . .', or to add emphasis to a list, the co-ordinating conjunctions **и . . ., и** are frequently used:

. . . почти все . . . носили калоши — **и солидные чиновники, и дамочки, и дети . . .**	'. . . nearly everyone . . . wore galoshes, from respectable civil servants to ladies and children . . .'

To express the idea of 'not . . . but . . .', use **не . . ., а**:

. . . я их шью не для сцены, а для жизни . . .	'. . . I sew them not for the stage but for life . . .'

Exercise 3

Insert **и** or **а** in the gaps as appropriate:

1 Вечером он собрался, — утром уехал.
2 «Преступление — наказание»
3 Он хочет, — я не хочу.
4 Кончилось лето, — начались дожди.
5 На улице — холодно — мокро.
6 Это ваша книга, — не моя.
7 Вчера они ходили в театр, — сегодня пойдут в гости.
8 Она умеет — читать — писать по-русски.
9 Русский солдат — храбр — вынослив.

Some . . . (while) others . . .

To express this notion in Russian the form **одни . . ., (а) другие** is used:

Одни — повседневные, а другие надеваю по парадным случаям.	'Some are for everyday use while I wear others on special occasions.'

If the list continues, use **третьи, четвёртые**, etc.

Exercise 4

Match the first and second parts of the following extracts.

First parts:

1   Модели молекул из учебника по органической химии стали
    предметом высокого искусства. «Надо знать, чем дышит народ!» —
    заявила доктор химических наук, Кристина де Матти.

2   Кризис сказался на всех. Но очень по-разному.

3   «По моему мнению, в Америке

4   В Москве Вагрич быстро стал любимцем.

5   Одни организуют пресс-конференции,

6   В искусстве всегда есть и будет потребность.

7   Одни считают, что инквизиция не причинила слишком
    большого зла, а другие преувеличивают, говоря о миллионах
    жертв.

8   . . . в 10 часов утра 23 мая 1498 года на одной из площадей
    Флоренции сначала повесили, а затем сожгли на костре
    Савонаролу . . .

9   Но не торопитесь. Держите себя в руках. Лучше всего молчите.

Second parts:

i   Одни пересказывали его шутки, другие присваивали их себе.

ii   У одних — потребность создавать, а у других — потреблять его.

iii У народа, кстати, мнения разделились. «Красота», — говорят
     одни. «На редкость гадкие вещи вы нам тут напоказывали. Хоть
     вообще не дыши!» — обижаются другие.

iv   одни праздники плавно перетекают в другие».

v   другие выдумывают для них поводы, третьи листовки пишут,
     четвёртые их в типографиях печатают, пятые расклеивают,
     шестые агитируют день и ночь, седьмые помогают клиенту не
     свихнуться . . .
     — А главнокомандующий чем занят?

vi   Одни растут, другие уменьшаются. «Серебряный дождь»
     относится к первым.

vii Одни дети плачут и заводят себя, другие плачут и успокаивают
     себя, третьи плачут и теряют игру. Вы родитель. Вы должны
     понять вашего ребенка.

viii Я думаю, завершающее слово здесь будет принадлежать папе.

ix   Одни весело отдирали кусочки ещё дымившегося мяса . . ., другие
     делали то же самое со слезами.

THE REFLEXIVE PRONOUN себя

The reflexive pronoun **себя** ('oneself') always refers back to the agent of
the verb. The same form is applied to either number (singular or plural) and
all three genders:

Я люблю себя.	'I love myself.'
Она любит себя.	'She loves herself.'
Они любят себя.	'They love themselves.'

Себя is in the acc., being the direct object of the verb with which it is connected. In the examples from the texts above, it appears in the dat.:

Представьте себе.	'Imagine (to yourself).'; 'Just imagine.'
Купил себе калоши.	'He bought (for) himself a pair of galoshes.'

The full declension of **себя**, which has no nom., is analogous to **ты/тебя**.

Exercise 5

Insert the appropriate form of **себя** in the following sentences.

1 Она поставила — такую цель.
2 Он эту должность принял на —.
3 Мы поставили перед — большую задачу.
4 Я вижу — в зеркале.
5 Она чувствует — хорошо.
6 Ты взял с — сына.
7 Я знал людей всегда довольных —.
8 Он рассказал о — много интересного.
9 Вы давно были у — на родине?
10 Договоритесь между —.
11 Он был вне — от гнева.

THE REFLEXIVE POSSESSIVE ADJECTIVE свой

The reflexive possessive adjective **свой** ('one's own') is used when it refers to the subject of the sentence or clause, whether this be in the 1st, 2nd or 3rd p. The same form is applied to either number and all genders:

Я люблю свой дом.	'I love my house.'
Она любит свой дом.	'She loves her house.'
Они любят свой дом.	'They love their house.'

Possessive adjectives, of whatever type, are often left out in Russian where they are mandatory in English: **Я говорил с братом** would be translated into English as 'I was speaking to my brother'. Possessive adjectives in Russian tend to be used for emphasis or clarification. When used, the following rules or tendencies are observed:

• With a third person subject **свой** must be used if it refers back to the person named in the subject, as the possessive adjectives **его, её** and **их** do not refer back to the subject, but to someone else. Compare these two examples:

Он любит свою жену.	'He loves his wife.'
Он любит его жену.	'He loves his wife (someone else's).'

• With a second person singular subject, **свой** is virtually obligatory (N.B., not **твоей** here):

Ты говоришь о своей работе?	'Are you speaking about your job?'

• With a first person subject singular and plural (**я, мы**), or a second person plural subject (**вы**), **свой** is as common as **мой, наш** or **ваш**:

Я расскажу вам о своём отце.	'I will tell you about my father.'

Remember, however, that often no possessive adjective is used: **Я жил у бабушки / Я жил у своей бабушки / Я жил у моей бабушки** which may all be translated as 'I lived with my grandmother'.

• The use of **свой** in the nominative case is found in phrases denoting possession, where it refers back to the semantic (not syntactic) subject:

У меня своя квартира.	'I have my own flat.'
У каждой меня своя причёска, макияж, обувь . . .	'Each of my own "me's" has its own hair-style, make-up and footwear . . .'

Свой in the nominative is also found in dative constructions, where the noun in the dative case is also the semantic subject:

Мне нужен свой дом.	'I need my (own) house.'

Свой in the nominative also appears in a number of set phrases, such as **Все здесь свои** ('We are among friends'):

Ну, там же все свои. Сидим на кухне, общаемся, чай пьем.	'We're among friends here. We sit in the kitchen, chat and drink tea.'

• **Свой** declines like **мой, твой**.

Exercise 6

Insert the appropriate form of **свой** in the following sentences.

1 Они страшно любят __ родину.
2 Она выразила __ удивление.
3 Я люблю __ мать.
4 Надел не __ пальто.
5 Сделал всё __ руками.
6 Они живут __ трудом.

7 Вы лучше пойдёте к __ врачу.
8 Она увидел __ учителя.

Exercise 7

Choose the appropriate form of **свой** or **его/её**.

1 Для того чтобы подарок был настоящим, он должен немножко
   сводить с ума. В __ жизни я видел только один такой — английский
   дом-ботинок.
2 Фамилия __ была Козлов, и Козлов этот тоже много чего искренне
   не знал.
3 Этим летом Сигалова снималась у Василия Пичула в фильме «Небо
   в алмазах». Видя, что кинокамера любит Сигалову, режиссёр Пичул
   срочно сел дописывать __ роль, добавляя все новые и новые
   эпизоды. __ партнером был Николай Фоменко.
4 Когда мне было лет пять, я жила у __ прадедушки в деревне.
5 Люди терпят Жанну только ради __ песен, в остальное время
   предпочитая держаться от неё подальше.
6 Представляешь, работал человек в банке, руководил ещё какой-то
   фирмой, а после кризиса, когда банк загнулся, бросил __ бизнес и
   стал рисовать. И главное, картинки у него действительно очень
   хорошие.
7 20 августа процветающий предприниматель Сергей Заграевский
   собирался отметить __ очередной день рождения.
8 Нынешний друг __, Гермес Зигот, очень интересный музыкант, до
   знакомства с ней и выглядел-то совсем иначе, не говоря о том, что о
   музыке даже не помышлял.

THE REFLEXIVE PRONOUN сам

The reflexive pronoun **сам**, **сама**, **само**, **сами** ('-self', '-selves') is always
attached to a noun or pronoun and means the person *himself* or *herself*, or the
thing *itself*:

Я сам инженер.	'I myself am an engineer.'
Она сама это сделала?	'Did she do it herself?
Уверен, что и сами студенты будут чувствовать себя ещё лучше.	'I am certain that the students themselves will feel better still.'
Сама работа — интересна.	'The work itself is interesting.'
Человек этот — сама справедливость.	'That person is fairness personified.'

Exercise 8

Сам with people: insert the appropriate form of **сам** (**сама, само, сами**) in the appropriate case.

1 Отец __ был на собрании.
2 Скажи об этом ему __.
3 Сегодня она дежурит __.
4 Скажи это ей __.
5 __ справились с работой.
6 Спросите у него __.
7 Он __ не догадается.
8 Мне и __ это интересно. (m.)
9 Не надо им говорить, они и __ это знают.

Exercise 9

Match the beginnings and ends of the extracts in each columns so that they make sense, inserting the appropriate form of **cam** in the gaps.

1	Оказавшийся рядом с ней __ поневоле становится талантливым.	i	что считается святым, благочестивым, почётным».
2	— Раньше как было? — спрашивает он меня и,	ii	как она __ хочет.
3	Кажется, это её единственный шанс научиться жить так,	iii	__ освоил непонятный инструмент.
4	Лихачёв: «Этот смех чаще всего обращён против __ личности смеющегося и против всего того,	iv	или «вылечивается». «Исцеляется» — от слова «целый».
5	Слепой мальчик	v	Но таких людей она всегда выбирает __.
6	Замечательно __ слово — в Евангелии ведь ни разу не сказано «выздоравливает»	vi	или Общества слепых.
7	Меня смущает __ идея санатория для инвалидов	vii	не дождавшись ответа, отвечает __.

Exercise 10

Match the beginnings and ends of the following Russian folk sayings.

1	Сам гадал —	i	чего желает.
2	Сам не знает,	ii	и людям не даёт.
3	Сам упал,	iii	сам и отвечай.

4	Сам не пьёт	iv	пеняй.
5	Сам поёт,	v	сам песенки поёт.
6	Сам врал —	vi	сам и отгадывай.
7	Сам на себя	vii	сам и слушает.
8	Сам пашет, сам орёт,	viii	сам и вставай.

THE RECIPROCAL PRONOUN друг друга

The pronoun **друг друга** ('each other', 'one another') is declined like a noun, with only the second component declined: gen. **друг друга**, dat. **друг другу**. Where a preposition is used, it is inserted between both elements: inst. **друг с другом**, prep. **друг о друге**, gen. **друг от друга**, dat. **друг к другу**.

Exercise 11

Complete the following sentences by inserting the appropriate form of **друг друга** from the list below.

Pronouns: друг друга (× 2), друг к другу (× 2), друг на друге, друг с другом (× 3)

1 В общих «твёрдых» вагонах люди в неслыханной духоте и грязи сидят буквально __.
2 Вот они-то и дрались __, правда, не на сцене, а в пивной.
3 Поскольку я — калужанин, и Булат стал настоящим калужанином, нам было легко общаться __.
4 Дети не понимают, зачем взрослые убивают __.
5 Вообще-то мы оба __ поддерживаем.
6 Как они относятся __?
7 Друзья беседовали __.
8 Животные ведут себя как люди: испытывают __ такие же чувства и взаимодействуют с теми же мотивами.

'ANY' (любой)

'Any' in the sense of 'any (one) at all' is **любой**, which as an adjective declines fully:

Я могу выйти на улицу в любом из своих сценических костюмов, потому что я их шью не для сцены, а для жизни.	'I can walk out on to the street in any of my stage clothes because I sew them not for the stage, but for life.'

Exercise 12

Match the beginnings and ends of the sentences in both columns, putting **любой** into the correct form.

1 Наша высшая исполнительная власть наконец-то поняла, что (любой) реформы бессмысленны,

2 Тогда был издан Указ Верховного Совета СССР, согласно которому (любой) граждане этих республик,

3 В некоторых портовых городах страны уже запретили

4 Говорят, что наш мастер спорта по теннису без экзаменов (!)

5 — Скажите, пожалуйста, как мне попасть на Тверской бульвар?

6 Сходить с ума можно ведь при (любой) погоде

7 (Любой) театр в первую очередь должен думать о том,

8 Для советского писателя в те годы

i живущие за рубежом, обретали право на советское гражданство.

ii — На (любой) троллейбусе, три остановки.

iii и при (любой) режиме. Было бы желание.

iv если они не приносят зримых политических и экономических плодов.

v ввоз на свою территорию (любой) продуктов из Бельгии.

vi может поступить почти в (любой) американский университет.

vii крупной удачей была (любой) поездка за рубеж.

viii чтобы производить качественный продукт — спектакль.

'THE SAME' (одно и то же)

There are several ways in Russian to express the notion of 'the same'.

* The basic construction is the demonstrative pronoun **то** followed by the particle **же**:

Мы с ним учились в том же институте.   'We studied at the same institute.'

- The words **одно и** are often added:

Раз в пять лет я получаю от неё письма, примерно одни и те же: «Мама, у меня нет денег, я попала в тюрьму».	'Every five years I receive letters from her, always the same: "Mam, I have no money, I am in jail".'

- The pronoun **самый** may follow the particle **же**:

Мы живём на той же самой улица.	'We live on the very same street.'

- **То** may be replaced by **такое** ('the same kind of'):

Здесь такие же люди с такими же лицами.	'Here it is the same kind of people with the same kind of faces.'

- The notion of 'the same' can be expressed using **одно** alone:

Мы с ним учились в одном институте.	'We studied at the same institute.'

- To express 'the same as', **как** or **какое** is used:

Его ожидал такой же конец, как героя фильма.	'The same end awaited him as the hero of the film.'
Наташа уже стала такая же, как Таня тогда.	'Natasha had already become the same as Tanya used to be back then.'
Его редакционный кабинет остался абсолютно в том же виде, в каком он его оставил.	'His editor's office remained exactly the same as he had left it.'

Exercise 13

Complete the following extracts by inserting the appropriate phrase from the list below.

Phrases: в такой же ситуации, в том же вузе, в тот же день, таким же образом, такого же класса, то же самое, тому же

1   После третьего курса сумасшедшего наконец выгоняют, но он поступает снова на первый. [. . .] Заканчивает жизнь лаборантом, а потом библиотекарем __.

2   Знай, что «Парламент» означает желание отнять управление из рук народа. Запомните это сами вы и научите __ детей ваших.

3   Болеть в моём положении просто невозможно. И актёры __. Кто-то заболел — замена, отмена, вплоть до возврата билетов, что ведёт к потере денег.

4   Это была страна с самолётами примерно __, но с безусловно худшими характеристиками.

5   — А квартиру свою вы __ не пробовали продавать? — спросили её.

6   __ в Интернете появилось следующее письмо: «Привет, дорогие сербы! Это мы — ваши старшие братья, РУССКИЕ!»

7   Причём крылатые ракеты типа AGM-86 все «просроченные» — американцы даже часть ракет из ядерного арсенала переоснастили обычными боеголовками и пустили в дело. Сейчас __ начинают делать с BGM-109 «Томагавк».

Exercise 14

Match the beginnings and ends of the extracts in both columns, putting the expression for 'the same' (**то же, одно и то же, такое же**) into the correct form where necessary.

1   Каждый раз, приезжая в деревню в качестве дачников, москвичи наблюдают (одно и то же) —

i   которые ещё три года назад участвовали (в то же самое) московских детских турнирах, топтали (то же) московскую землю — и крыша у них едет.

2   Обезумевшие родители стали нормальным явлением. Они смотрят по телевизору на Курникову и Марата Сафина,

ii   В (то же) время их нужно оградить от давления, угроз и цензуры.

3   На (то же) эшафоте, рядом с Савонаролой,

iii   в (одно и то же) наряде.

4   Средства массовой информации должны строго соблюдать законодательство.

iv   грязные мужики в телогрейках и резиновых сапогах шатаются в поисках опохмела.

5   Во время показа от волнения Алла начала заикаться.

v   испытывают друг к другу (такое же) чувства и взаимодействуют с (то же) мотивами.

6   За все пятнадцать лет московские друзья ни разу не видели Жанну-Иву

vi   На следующем показе — (то же самое). Потом ещё и ещё.

7   Животные ведут себя как люди:

vii   приняли ту же участь монахи фра Доменико и фра Сильвестро.

UNIT FIFTEEN
Compound nouns and imperfective gerund

LEXIS AND WORD BUILDING: COMPOUND NOUNS

Both elements in nouns compounded by using a hyphen usually decline:

На станциях он шутил со старухами-продавщицами.	'At the stations he joked with the old women who were selling food.'

However, there are instances where this is not the case; these are:

- where the first component is a recent loan word:

в пресс-службе министра	'in the minister's press office'

  particularly if its ending does not conform to Russian morphological norms:

Но мы не стали ди-джеями.	'But we did not become DJs.'

- where the noun identifies a rank:

23 апреля совершено покушение на московского генерал-губернатора Ф.В. Дубасова.	'On the 23 April there was an attempt on the life of the Moscow governor-general F.V. Dubasov.'
исполняющий обязанности премьер-министра	'the acting Prime Minister'

- where the first component is descriptive and qualifies the second:

Как Вы относитесь к хаус-музыке?	'What do you think of house music?'
Я никогда не был на гей-параде.	'I was never at a gay parade.'
на хаус-танцполе	'on the house [music] dance-floor'

Exercise 1

Select appropriate compound nouns from the list below and insert them in the spaces provided in the appropriate form.

Compound nouns: воины-десантники, врач-гинеколог, геи-полицейские, космонавт-исследователь, мэр-взяточник, социалисты-революционеры, спектакль-концерт, старичок-пенсионер, старушка-инвалид, Театр-студия

1 Актриса __ О. Табакова Камий КАЙОЛЬ — француженка, играющая немку по-русски в спектакле «Камера Обскура».
2 Борис Ельцин направил приветствие __ и ветеранам Воздушно-десантных войск в связи с праздником — Днём Воздушно-десантных войск.
3 В России создана партия __ [эсеров].
4 В __ для голоса и саксофона по стихам И. Бродского нас только двое.
5 Вот выезжает платформа __.
6 Две американские __ Мария Анкени и Теодора Ланг очень любят летать.
7 Когда, получив квалификацию __, я покидал Звёздный городок, было очень тягостно.
8 Народ, собиравший подписи за отзыв __, уже готов его простить.
9 Она сидела на скамейке с одним __ в очках, что-то ему рассказывала.
10 Сын __ и «обычной женщины», владеет в Майами виллой с несколькими бассейнами и двумя белоснежными яхтами.

Exercise 2

(a) Match the following word groups to form common collocations.
(b) Then insert them in the appropriate form into the sentences below.

(a)

1	секс-	i	образование
2	высшее	ii	мусора
3	кожаная	iii	духи
4	уборщик	iv	и лесбиянки
5	цитаты	v	в восторге
6	сладкие	vi	венок
7	садо-	vii	форма
8	геи	viii	меньшинство
9	непринуждённо	ix	мазохист
10	быть	x	из Шекспира
11	полицейская	xi	общаться
12	цветочный	xii	куртка

(b)

1 Крутые ребята предпочитают носить ___.
2 У неё диплом из МГУ, то есть, у неё есть ___.
3 Считается, что лесбиянки — это ___.
4 Профессор замучил студентов своими постоянными ___.
5 Обычно следователи не носят ___.
6 Запах ___ иногда приятный, иногда не очень.
7 ___ наслаждаются чужими и своими страданиями.
8 Город грязный, потому что бастуют ___.
9 Все победители были награждены ___.
10 Зрители ___ от его нового фильма.
11 В Сан-Франциско каждое лето огромнейший фестиваль ___.
12 Атмосфера там такая, что можно со всеми ___.

Гей-парад 98

Вот выезжает платформа геев-полицейских. Геи и лесбиянки в
полицейской форме, размахивая дубинками, весело подтанцовывая
под музыку Westbam, проходят мимо меня. А вот «голубые»
представители Greenpeace в цветочных венках поют какие-то странные
гимны. Геи-сантехники и врачи, уборщики мусора и учителя,
садо-мазохисты и стриптизёры с высоко поднятыми головами
проносятся на своих платформах, оставляя запах сладких духов,
пыль от пудры и звуки хаусовых фанфар. Кстати, мне очень
понравилась делегация секс-меньшинств высшего образования.
«Папики-профессора» в чёрных кожаных куртках и шортах следуют за
платформой, обклеенной формулами и цитатами из Шекспира. Звучит
Моцарт, внезапно Samba Di Janeiro перекрывает все остальные звуки.
«Папики» достают красные хлопушки и начинают танцевать
зажигательный бразильский танец. Студенты в восторге. Когда они
ещё смогут увидеть своих педагогов и так непринуждённо с ними
пообщаться?

(Пт., май 1998)

Exercise 3

State whether the following are true (T) or false (F) by consulting the text
Гей-парад 98.

1 Уборщики мусора были в кожаных шортах.
2 Голубые представители Greenpeace были в цветочных венках.
3 Студенты начинали танцевать бразильский танец.
4 Геи-полицейские размахивали дубинками.
5 Учителя оставляли запах сладких духов.

6 Стриптизёры оставляли пыль от пудры.
7 «Папики-профессора» танцевали бразильский танец.
8 Геи-полицейские пели какие-то странные гимны.

IMPERFECTIVE GERUND

In Russian there are two forms of the gerund: the imperfective and the perfective (see Unit 16). In this unit we look at the imperfective gerund.

The imperfective gerund can be used as a substitute for an adverbial clause ('when, while, in doing something, etc.') or an independent clause ('and'). To translate 'She was sitting at home (while, and) reading the newspaper', one could use either an independent clause – Она сидела дома и читала газету – or an imperfective gerund: Она сидела дома, читая газету. For an imperfect gerund to be used, the actions of both parts of the sentence (sitting and reading) must be taking place at the same time.

The performance of the action denoted by the imperfective gerund must refer back to the principle subject of the sentence, so that the woman reading the paper has to be the same woman as the woman who was sitting at home.

As with adverbs – the gerund is sometimes called a 'verbal adverb' – the form of the imperfective gerund *never* changes, regardless of the number or gender of the subject:

Он сидел/Они сидели дома, смотря телевизор.	'He was/They were sitting at home watching television.'

Neither is it affected by the tense of the main verb:

Она сидит дома, читая газету.	'She's sitting at home reading the newspaper.'

Nouns governed by the gerund are in the same case as after the verb from which the gerund is formed: . . . и читала газету and . . . читая газету, in both instances in the accusative case (газету).

Formation of the imperfective gerund

The imperfective gerund (always derived from the imperfective aspect of the verb) is formed by replacing the third person plural present tense with -я or -а, the latter when the verbal stem ends in ж, ч, ш or щ:

дела-ют → дела-я	'doing', 'making'
нес-ут → нес-я	'carrying'
сид-ят → сид-я	'sitting'
плач-ут → плач-а	'crying'
ищ-ут → ищ-а	'seeking'

The group of verbs ending in -вать preceded by да-, зна- or ста- form their gerund from the infinitive, as do compounds of such verbs:

дава-ть → дава-я	'giving'
признава-ть → признава-я	'recognising', 'admitting'
встава-ть → встава-я	'getting up'

Many common verbs have no imperfective gerund form:

ждать	'to wait'	мочь	'to be able'
бежать	'to run'	писать	'to write'
петь	'to sing'	пить	'to drink'

не + gerund is often translated as 'without (doing) something':

никого не встречая	'without meeting anyone'

The imperfective gerund ending for verbs ending in -ся is -сь:

заниматься → занимаясь	'studying'

Exercise 4

(a) Match the beginnings and ends of sentences.
(b) Then replace the verbs in brackets with an imperfective gerund.

Beginnings:
1   (Смотреть) на фотографии,
2   (Молчать)
3   Она читала текст,
4   Профессор всегда говорил
5   Солдаты шли
6   (Давать) мне журнал,
7   Мать шла из детского сада,
8   Она смотрела ему в глаза,

Ends:
i   (стоять).
ii   (выписывать) незнакомые слова.
iii   (держать) ребёнка за руку.
iv   не (торопиться).
v   ничего не (говорить).
vi   отец вспоминал своё детство.
vii   отошёл.
viii преподаватель попросил меня вернуть его через неделю.

Exercise 5

(a) Complete the extract below by inserting the verbs supplied below in the spaces provided.

(b) Write out the infinitive and third person plural of the imperfective gerunds in the text.

Verbs: наступила, ожидая, ответил, продолжал, разведёмся, сказала, сказала, спеша, стало

— (1) осень.
— (2) холодно.
Воскресным утром жена — (3) мужу:
— Давай — (4).
Он фыркнул в чашку с чаем и — (5):
— Давай!
И — (6) пить чай — не — (7), — (8), что она ещё что-нибудь скажет.
Но она ничего не — (9).

(Сл., ДН, июнь 1999)

Exercise 6

Complete the following sentences by inserting an appropriate verb from the list below in its imperfective gerund form.

Verbs: вникать, захлёбываться, начинать, обещать, обещать, обманывать, подчёркивать, приезжать, создавать, читать

1   Каждый раз, — в деревню в качестве дачников, москвичи, мало — в проблемы колхозников, всегда наблюдают одно и то же — беспредельно грязные мужики в телогрейках [. . .] шатаются в поисках опохмела.

2   Пока такие налоги — 98 копеек с рубля — можно выжить, только — государство.

3   Естественно, нашлось немалое количество учёных, которые, — от восторга, принялись на страницах газет и журналов обсуждать предложения Никиты Сергеевича, особо — мудрость и прозорливость товарища Хрущёва.

4   Меньше всего, — вашу статью, я думаю о политике и демографии. Будут ли у Игоря дети после лечения — вот и вся для меня политика с демографией.

5   Вот Люба. Её судьба. Приехала поступать в институт. Провалилась, домой не вернулась. Зацепилась мороженщицей на окраине Москвы. Какой-то милиционер водил её, красивую хохлушку, за нос, — прописку, — жениться. Он же её изнасиловал, а потом устроил на «квартиру» (подпольный бордель).

6   «__ «ОРТ-Рекордс», мы прежде всего думали о качестве записей.
7   Вставали мы в 6 часов утра, одевались и умывались всегда не без
    помощи нянек, надевавших на нас каждую составную часть нашей
    одежды, __ от наших чулочков . . .

(Сем.)

LEXIS AND IDIOMS: WEARING AND WEARS

Russian distinguishes the notions of someone who is *wearing* something and
someone who *usually wears* something.

The two most common ways to say that someone is *wearing* something in
Russian are:

*   **Она в чёрной юбке.**   'She is wearing a black skirt.'

*   **На ней чёрная юбка.**   'She is wearing a black skirt.'

The two most common ways to say that someone *regularly* or *usually wears*
something in Russian are:

*   the verb **носить** 'to wear, carry, bear':

    Она носит чёрную юбку.   'She wears a black skirt.'

*   the verb **ходить** + в + prep.:

    Она ходит в чёрной юбке.   'She wears a black skirt.'

These expressions are not restricted to the present tense:

Он будет в костюме.	'He will be wearing a suit.'
Она часто ходила в старом некрасивом пальто.	'She often wore (used to wear) an old, not very nice, coat.'
На нём был шикарный пиджак.	'He was wearing a stylish jacket.'

Exercise 7

Give translations for the following phrases by finding the Russian equivalents
in the **Гей-парад** text.

1   wearing a police uniform
2   wearing flower garlands
3   wearing black leather jackets
4   wearing shorts

Exercise 8

Put the words in brackets in an appropriate form. All adjectives are supplied in the masculine singular form.

1   — Как она выглядит?
    — Она всегда (носить) (серый), (некрасивый) пальто. Она редко (ходить) в (джинсы), обычно (носить) (короткий) (юбка). Она не то, чтобы (толстый), а скорее (полный). Она блондинка, но, по-моему, волосы у неё (крашеный).
2   — Как он выглядит?
    — Он обычно, но не всегда, (ходить) в (очки). Он всегда (носить) костюм, галстук и (белый) (рубашка). Он (средний) (рост). Нос у (он) большой и красный. Волосы у него (чёрный), (жирный) и (редкий). Пахнет (сигареты). Очень дурной запах изо (рот).
3   — Как она выглядит?
    — Она (любить) (ходить) в (длинный), (цветастый) (юбки). Обычно (носить) (оранжевый) (майка). Волосы у (она) (длинный). Глаза ярко-ярко (голубой). (Носить), как правило, (кожаный) (сандалии). С (она) всегда (бородатый) молодой человек.

Exercise 9

Put the words in brackets in an appropriate form.

1   — Как мне узнать вас?
    — На (я) будет (джинсовый) куртка. Я буду в (белый) (брюки) и (чёрный) (кроссовки). Я довольно высокий, и волосы у (я) (чёрный).
2   — Как (я) узнать его?
    — Он будет в (очки), в (синий) (джинсы) и в (белый) (свитер). Он (маленький) (рост) и чуть сутулый.
3   — Как (мы) узнать (она)?
    — Она будет в (красный) (шерстяной) (шапка) и в (кожаный) (ботинки). На (она) будет (длинный) шуба. (Пожилой) дама.
4   — Как (я) узнать (вы)?
    — Я буду в (коричневый) (пиджак) и (красный) (галстук). Я буду в (чёрный) (брюки). Рубашка у меня (белый). Ой, забыл. Я в (очки).
5   — Как (она) узнать (ты)?
    — Я буду в (длинный) (красный) (юбка) и в (чёрный) (кожаный) (куртка). Туфли у меня будут (белый). Скажи (она), что я шатенка.
6   — Как (я) узнать (он)?
    — Он высок, обязательно будет в (майка), в (джинсы) и в (чёрный) (полуботинки-кроссовки) и, если будет солнце, он будет в (чёрный) (очки). Он почти всегда (курить). У него усы. Узнать (он) очень легко.

UNIT SIXTEEN
Aspects and perfective gerund

Exercise 1

Match the Russian words to do with railway travel with their English equivalents.

1	вагон	i	luggage rack
2	верхняя полка	ii	compartment
3	купе	iii	passenger
4	нижняя полка	iv	platform
5	пассажир	v	carriage
6	трогаться–тронуться	vi	conductor
7	станция	vii	to set off, to pull out
8	перрон	viii	upper berth
9	поезд	ix	station
10	багажная полка	x	train
11	проводник	xi	lower berth

Exercise 2

Select which statement is true by consulting **Праздник старух на море** below.

1 На станциях
  (а) выходило мало пассажиров.
  (б) выходило много пассажиров.
  (в) пасажиры не выходили.
2 (а) На станциях старые женщины покупали горячую картошку.
  (б) На станциях пассажиры продавали горячую картошку.
  (в) На станциях пассажиры покупали у старых мужчин горячую картошку.
  (г) На станциях пассажиры покупали у старых женщин горячую картошку.
3 Женщина ехала
  (а) на юг.

    (б)   в Москву.

    (в)   на войну.

4 Солдаты ехали

    (а)   на юг.

    (б)   в Ялту.

    (в)   на войну.

5 В это время в поездах

    (а)   было мало пассажиров.

    (б)   было много пассажиров.

    (в)   совсем не было пассажиров.

6 Действие происходило

    (а)   летом.

    (б)   зимой.

    (в)   весной.

    (г)   осенью.

7 (а)   Проводник предложил женщине чаю.

  (б)   Женщина предложила проводнику чаю.

  (в)   Проводник предложил солдатам чаю.

8 (а)   Сахар дорого стоил.

  (б)   По дороге она ела сахар.

  (в)   Она пила дорогой чай.

  (г)   Она пила чай с сахаром под названием «Дорожный».

9 На станциях

    (а)   она покупала картошку.

    (б)   проводник покупал сливы.

    (в)   они покупали кефир.

10 (а)   Женщина смеялась шуткам проводника.

   (б)   Проводники смеялись шуткам женщины.

   (в)   Старухи-продавщицы смеялись шуткам женщины.

   (г)   Старухи-продавщицы смеялись шуткам проводника.

Праздник старух на море

Я поехала в Ялту к моему мужу . . . Я поехала навстречу настоящему лету, и чем дальше я уезжала от Москвы, тем ближе оно ко мне подходило . . . На станциях выходили редкие пассажиры, прогуливались по перрону, и покупали у старух горячую картошку. Когда поезд трогался, мне нравилось проходить по вагону мимо открытых купе . . . Иногда проходили поезда, полные солдат. Солдаты, голые до пояса, тесно сидели на нижних полках, свешивались с верхних и багажных и прижимались к окну потными блестящими лицами . . . Они ехали на войну, а мы ехали на юг, и нам казалось, что никакой войны нет, и мы забывали их прощальные лица . . .

—Поезда сейчас ходят совсем пустые, — пожаловался проводник, когда мы проехали Тулу. — Разгар лета, а пассажиров мало. Чай будете?

Всю ночь напролёт я пила спитой чай с сахаром «Дорожный» и слушала жизнь проводника. . . . На станциях он шутил со старухами-продавщицами, они смеялись его шуткам и жалели его, и он, увидев их жалость, быстро выдыхался, прекращал острить и угрюмо протягивал деньги за картошку, за сливы и за кефир.

(Сад., ДН, май 1998)

ASPECTS IN FOREGROUNDING AND BACKGROUNDING

All four instances of the perfective aspect in the text move the story on in time:

Я поехала в Ялту к моему мужу.	'I had departed for Yalta to see my husband.'
Я поехала навстречу настоящему лету.	'I had gone to meet the real summer.'
. . . когда мы проехали Тулу	'. . . after we had passed through Tula'
. . . пожаловался проводник	'. . . the conductor complained'

The first two indicate the narrator had completed one action (the departure from Moscow) and begun another (setting off for Yalta). The third instance indicates a definite point in time during the journey (when the train had passed Tula), as does the fourth, which refers to the time when the conductor spoke (complained).

By contrast, the events that make up the remainder of the extract are not set at a particular moment in time and do not move the story on, happening either:

- frequently (on more than one occasion) during the journey: passengers getting off the train to walk up and down the platforms; the woman walking up and down the carriage when the train left a station, looking at empty compartments; the trains full of troops that passed her train by; the conductor joking with and buying food from the old women at the stations; or
- during or over a certain period of time within the journey: the feeling of the approach of summer the further the train was from Moscow; the woman drinking tea and listening to the life story of the conductor all night long.

As frequent or continuing events, they describe the background or backdrop against which dynamic or 'foregrounded' events – expressed in the perfective aspect – take place.

IRREGULAR NOUNS

Zero-ending genitive plural of masculine nouns

The gen. pl. of **солдат** ('soldier') is the same as the nom. sg.:

Иногда проходили поезда, полные солдат.	'Sometimes trains passed full of soldiers.'

There are a number of masculine nouns in Russian whose gen. pl. is identical to their nom. m. sg.:

*   **человек** 'person'

один человек, пять человек	'one person, five people'

*   **раз**

один раз, пять раз	'one occasion, five occasions'

Nominative/accusative plural of masculine nouns in stressed -a

The nom. and acc. pl. of **поезд** is **поезда**:

Иногда проходили поезда, полные солдат.	'Sometimes trains passed by full of soldiers.'

There are a number of masculine nouns in Russian whose nom. pl. ends in stressed **-а** or, where the noun ends in a soft sign, in stressed **-я**:

учитель → учителя	'teacher → teachers'

Other examples include:

берега	'shores'	**вечера**	'evenings'
глаза	'eyes'	**города**	'towns'
доктора	'doctors'	**дома**	'houses'
номера	'numbers', 'issues'	**острова**	'islands'
поезда	'trains'	**профессора**	'professors'

Exercise 3

Match the beginnings and ends of the extracts in both columns so that they make sense, putting the words in brackets in the nominative or accusative plural, as appropriate.

1	Посмотри их (глаз).	i	из-за боязни физической расправы.

2 Геи-сантехники и врачи,
   уборщики мусора и (учитель)
   . . . проносятся на своих
   платформах.

ii кем вы были вчера?»

3 Алексей Марков вынужден
   был отменить свои
   поэтические (вечер)

iii Обилие звёзд резало (глаз),
   точнее, слух.

4 «Если б знали вы, как мне
   дороги

iv — нет дорог.

5 «Госпожа (юнкер),

v Они не только тебя, и меня
   тоже убивать хотят.

6 Сюда не идут (поезд) и
   автомобили

vi («Папик-профессор») в чёрных
   кожаных куртках и шортах
   следуют за платформой.

7 Так появился концерт
   «Звёзды российской эстрады».

vii подмосковные (вечер).»

COMPARATIVE DEGREE OF ADVERBS

The comparative degree of many adverbs is identical to the short form comparative degree of the equivalent adjectives:

лёгкий/легко — легче   'easy', 'easily' — 'easier', 'more easily'

In the formation of the comparative degree many adverbs are affected by the same consonant mutations as affect the comparative degree of adjectives: **часто — чаще**.

There are a number of anomalous comparative degree adverbs, the most common of which are: **много — больше; мало — меньше.**

Where one wishes to express how many times more or less something is, use the preposition **в**, a numeral and the noun **раз** in the appropriate form:

В России, по сравнению с 1990 годом, стали болеть туберкулёзом почти в два раза больше, умирать от него — в два раза чаще.

'In Russia, as compared with 1990, nearly twice as many people are being infected with tuberculosis, and they are dying from it twice as often.'

Exercise 4

Insert appropriate adverbs in the spaces provided. Select your answers from the list of comparative adverbs below.

Adverbs: больше, больше, ниже, чаще

1 В городе Кривой Рог проживает шестилетняя Варя Акулова. Эта девочка способна удерживать вес в три раза ___ собственного.

2 Средний класс в России превратился в бедный, бедный — обнищал, нищим и бездомным падать ___, казалось бы, некуда.

3 Наступление чахотки: В России, по сравнению с 1990 годом, стали болеть туберкулёзом почти в два раза ___, умирать от него — в два раза ___. Специалисты расценивают это как угрозу начинающейся эпидемии.

чем . . ., тем

To express in Russian 'the (more) . . . the (more) . . .' construction in English (e.g. 'the quicker the better'), Russian uses the construction 'чем + a comparative adverb, тем + a comparative adverb':

Чем скорее, тем лучше.	'The sooner the better.'
Чем больше, тем лучше.	'The bigger the better.'
Чем раньше ты придёшь, тем лучше.	'The earlier you come, the better.'
. . . чем дальше я уезжала от Москвы, тем ближе [лето] ко мне подходило.	'. . . the further I travelled from Moscow, the closer [the summer] seemed to come to me.'

Exercise 5

Match the beginnings and ends of sentences in both columns putting the adverbs in brackets in an appropriate comparative form.

1 Английские ученые доказали, что чем (мало) волосяной покров человека,

    i тем (редко) грабят. Чаще обворовывают дачи вблизи больших городов.

2 Первокурсники предполагают получать баснословные зарплаты. И чем это (нереально) с их образованием,

    ii тем (много) зевак вокруг собирается.

3 Он не боится быть смешным, прекрасно зная, что на политической ярмарке чем (чудно),

    iii тем (часто) и свирепее скандалы . . .

4 Но вот откуда на прилавках продукты берутся, я так и не понял, честно говоря. — И слава богу. Чем (мало) мы о селе понимаем,

    iv тем (много) мне его не хватает.

5 Нам ещё повезло: у нас дом в деревне в Тверской области, а не под Москвой. Ехать, конечно, далеко, но есть и преимущества — чем (далеко) от Москвы,

6 Чем (близко) день выборов,

7 Чем (долго) папы нет,

8 Чем (много) лжёт,

v тем (смело) они пишут крупные суммы (не менее 1000 долларов) . . .

vi тем (спокойно) ему жить.

vii тем (много) собственной лжи верит!

viii тем (мало) энергии и жизненных соков требуется на его поддержание. Следовательно, у лысого более велик умственный и физический потенциал.

PERFECTIVE GERUND

In Russian there are two forms of the gerund: the imperfective (see Unit 15) and the perfective. In this unit we look at the perfective gerund.

The perfective gerund is often rendered in English by the phrase 'having done something (gone somewhere, eaten something, etc.)'. It can replace adverbial clauses of time, cause, condition, etc. ('after', 'since', 'as'). Unlike the imperfective gerund, where the action denoted by the gerund is simultaneous with that denoted by the main verb, the perfective gerund most often denotes an action that has been completed prior to that denoted by the main verb:

Прочитав статью, я пошёл домой.	'Having read (After reading) the article, I went home.'

As with the imperfective gerund, the performance of the action denoted by the perfective gerund must refer to the principal subject of the sentence, so that the man who has read the article must be the same man as the man who then went home.

As with the imperfective gerund, the form of the perfective gerund *never* changes, regardless of the number or gender of the subject to which it refers:

Прочитав статью, я пошёл (ог мы пошли) домой.	'Having read (After reading) the article, I (we) went home.'

Neither is it affected by the tense of the main verb:

Прочитав статью, я пойду домой.	'Having read (Once I've read / After reading) the article, I will go home.'

Nouns governed by a gerund are in the same case as after the verb from which the gerund is formed:

Прочитав статью (acc.) . . .   'Having read (After reading) the article . . .'

Formation of the perfective gerund

As its name suggests, the perfective gerund is derived from the perfective aspect of the verb.

- To form the perfective gerund of verbs whose masculine past tense ends in **-л**, replace the **-л** with **-в**:

  прочита-л → прочита-в   'having read'
  посмотре-л → посмотре-в   'having looked'
  покури-л → покури-в   'having had a smoke'

  (Forms ending in **-вши** (**прочитавши**) are possible, but rare and archaic-sounding.)

- To form the perfective gerund of reflexive verbs, replace the **-лся** of the past tense form with **-вшись**:

  оде-лся → оде-вшись   'having got dressed'
  верну-лся → верну-вшись   'having returned'

- To form the perfective gerund from prefixed perfective verbs of motion, add **-я** to the stem of the first person singular:

  прийти → прид-у → прид-я   'having arrived'
  уйти → уйд-у → уйд-я   'having left'

  (Forms such as **пришедши** and **ушедши** are possible, but rare and archaic-sounding.)

- To form the perfective gerund of verbs whose masculine past tense does not ends in **-л**, add **-ши** to the masculine past tense form:

  спас (from **спасти**) → спас-ши   'having saved'
  привык (from **привыкнуть**) →   'having become accustomed'
  привык-ши (**привыкну-в** is
  also possible)

Exercise 6

(a) Replace the verbs in brackets with a perfective gerund.
(b) Then match the beginnings and ends of the sentences.

Beginnings:
1 (Войти) в аудиторию,
2 (Повесить) пальто на вешалку,
3 (Вернуться) поздно домой,
4 (Сесть) за стол,
5 (Попрощаться),
6 (Посмотреть) пьесу,

Ends:
i   он поделился впечатлениями со своей женой.
ii   они начали есть.
iii они разошлись.
iv   она поздоровалась со своей приятельницей.
v   прошли в зал.
vi   быстро разделась и легла спать.

Exercise 7

Fill in the gaps with an appropriate perfective gerund form, choosing from
the verbs below.

Verbs: обратиться, окончить, ощутить, прибежать, сказать, стать,
услышать, эмигрировать

«Я расскажу вам о своём отце»

. . . я сказал «Спасибо» и хотел уйти. Но мама остановила меня
словами: «Это твой папа». Не помню, чтобы, __ (1) это, я как-то очень
уж обрадовался или испугался . . . .

. . . Кто был мой отец по национальности? Я всегда испытываю
некоторое затруднение, пытаясь ответить на этот вопрос. Он, как я
считаю, был русский . . . Хотя найдётся множество людей, которые
легко опровергнут меня, __ (2), что он еврей . . .

. . . __ (3) из России, семья Познеров оказалась в Германии, в
Берлине . . .

. . . __ (4) русско-французский лицей, учрежденный в Париже для
детей эмигрантов, Владимир Познер начал работать, он должен был
содержать семью . . .

. . . Только __ (5) совершеннолетним, [отец] получил так называемый
«нансеновский паспорт» — документ, который сейчас уже не признаётся
в международной практике . . .

. . . А так как мой дедушка Александр Владимирович к тому времени
был уже гражданином Литвы, то в 1941 году мой отец смог, __ (6)
в советское консульство в Нью-Йорке, получить советский
паспорт . . .

. . . И вот как-то, гуляя по палубе, я вдруг увидел . . . мальчика, который украсил себя маминым галстучком: «Отдай сейчас же!», — крикнул я ему. «Нет! — ответил он. — Это мой галстук, я его нашёл!» Он был выше меня, но я набросился на него, как тигр, и снял с него эту бабочку, не обращая внимания на его слёзы. __ (7) к маме, я отдал ей галстук, впервые __ (8), что я рыцарь, мужчина, который может защитить свою маму . . .

(Поз., О, март 1999)

ASPECTS IN THE PAST TENSE

An important function of the imperfective aspect in Russian is to describe events that used to happen in the past without reference to a particular time when they occurred. In the extract below, the author uses imperfective verbs to describe events that used to happen regularly at a particular time every day (e.g. in the evening or after work), but not on one particular day:

Отцу *правилось* именно это; вечером, после работы, *просил* добавки и сам *подкидывал*. Мне тоже *правилось*. Жареного мяса мне никогда не *давали*: не ужуешь. Селёдка непонятно почему *казалась* мне едой неприличной — может быть, из-за запаха на ножах-вилках. Отец рыбного ничего не <u>ел</u>: кости.

(ДН, июль 1995)

'This is what my father liked: in the evening, after work, he would ask for extra helpings and dole them out himself. I also liked getting extras. I was never given any roast meat: too tough for me to chew. For some reason or other unknown to me I found herring unseemly. Maybe because of the smell it left on the knives and forks. My father never ate fish of any description. He didn't like the bones.'

On the other hand, when referring to an event that happened on one particular occasion and that moves the story along in the narrative, the perfective is used:

. . . Элтон Джон стал рок-звездой только после того, как нашёл отличного поэта — Таупина. (ДН, июль 1995)	'Elton John became a rock star only after he had found an outstanding poet – Taupin.'

Because the imperfective in the past does not refer to a particular event that took place at a particular time, the imperfective aspect is normally used to describe *any* event in the past that does not specifically refer to a particular occasion. Thus, its use to refer to events that *used* to happen regularly or to *background* or general descriptive events or situations that happened in the same time frame in which the dynamic events took place:

Я поехала (pf.) **в Ялту к моему мужу . . . На станциях выходили** (impf.)
редкие пассажиры, прогуливались (impf.) **по перрону и покупали** (impf.)
у старух горячую картошку.
'I set off for Yalta . . . At the stations the odd few passengers would get off,
walk up and down the platform and buy hot potatoes from the old women.'

Exercise 8

(a) Fill the gaps with verbs in the appropriate form from the verbs below.
(b) Then identify the aspect of the verbs.

Verbs: вставать, молиться, одеваться и умываться, пить,
распределяться, собираться

Детство и юность

__ (1) мы в 6 часов утра, __ (2) всегда не без помощи нянек, надевавших
на нас каждую составную часть нашей одежды, начиная от наших
чулочков; __ (3) Богу под надзором матери и __ (4) около неё в столовой
к чаю. Старички __ (5) чай в своих комнатах. Затем день __ (6)
правильно, не без педантизма, в сильной зависимости от
метеорологических условий.

Exercise 9

Fill the gaps with verbs in the appropriate form from the verbs below, deciding which is the appropriate aspect (imperfective is always given first).

Verbs: нравиться—понравиться, одеваться—одеться, приводить—
привести, терпеть—потерпеть

Инна Олеговна

Инна Олеговна __ (1) не могла свою невестку. С самого первого раза,
когда сын Вадик __ (2) в дом эту девицу, не понравилась она Инне
Олеговне. Ей __ (3) предыдущая его девушка — Мила. Мила была из
хорошей семьи, папа доктор наук, мама ответственный работник, да и
сама Мила была очень приличная, воспитанная и __ (4) всегда со
вкусом. А эта — дворняжка какая-то.

(МН, декабрь 1998–январь 1999)

Exercise 10

Fill the gaps with verbs in the appropriate form from the verbs below, deciding which is the appropriate aspect (imperfective is always given first).

Verbs: рождаться—родиться, вызывать—вызвать, считаться—
посчитаться, собираться—собраться, уезжать—уехать, жить—
прожить, получать—получить

Я __ (1) во Франции, первого апреля 1934 года, в день рождения моей
матери. Это всегда __ (2) смех у наших знакомых, поскольку во всём
мире первое апреля — это день дураков, день шуток и всякого рода
розыгрышей . . . Я __ (3) незаконнорождённым. Моему отцу было тогда
25 лет, он, как говорится, хотел ещё погулять и не __ (4) связывать себя
узами брака. Ну, а моя мать, которая была очень гордым человеком, в
ответ на это взяла и __ (5) со мной, трёхмесячным, в Америку. В
Штатах __ (6) её мать и сестра, близкие друзья и, наконец, была
возможность __ (7) работу: мама работала монтажёром во
французском отделении кинокомпании «Парамаунт».

(Поз., О, март 1999)

Exercise 11

Fill the gaps with verbs in the appropriate form from the verbs below, deciding which is the appropriate aspect (imperfective is always given first).

Verbs: вступать—вступить, отправляться—отправиться, называться—
назваться, играть—поиграть, приказывать—приказать, вызывать—
вызвать

Вскоре мама и мой отец официально __ (1) в брак, и мы __ (2) во
Францию, потому что у отца там была работа. Корабль, на котором
мы плыли, __ (3) «Нормандия». Это был гигантский дворец на воде. Я
бегал по палубе, __ (4) там в разные игры и уже тогда ссорился с отцом.
Мать никогда мне ничего не __ (5). Ей достаточно было сказать, как я
тут же бросался исполнять ее пожелания. Отец был настоящим
командиром, и его приказной тон __ (6) во мне протест . . .

(Поз., О, март 1999)

UNIT SEVENTEEN
Negation and numerals

NEGATIVE PRONOUNS

Forms include **нечего** 'nothing', **некого** 'no one', **ничто (ничего)** 'nothing', **никто** 'no one'. There are two words in Russian for 'nothing' and two for 'no one'.

- **Нечего** and **некого** are the words for 'nothing' and 'no one' where in both English and Russian these words are followed by an infinitive:

  Нечего делать.   'There is nothing to do.'

- Reference to a person, where expressed, goes into the dative:

  Мне нечего делать.   'I have nothing to do.'
                                'There is nothing for me to do.'

- To express the same notion in the past, **было** is used, irrespective of the number or gender of the personal reference:

  Ей нечего было делать.   'She had nothing to do.'
  Мне нечего было делать.   'There was nothing for me to do.'

  To express the same notion in the future, **будет** is used:

  Им нечего будет делать.   'They will have nothing to do.'

- Elsewhere, the words used for 'nothing' and 'no one' are **ничто (ничего)** and **никто**:

  Задаю вопросы — никто ничего не знает.
  'I ask questions. No one knows anything.'

  Она до сих пор не боится никого и ничего.
  'Since then she is not afraid of anything or anyone.'
  'Since then she's been afraid of nothing or nobody.'

| Что это за налоговая инспекция, где никто ничего не знает. | 'What sort of tax inspecting service is this, where no one knows anything.' |

The verb here must be negated with **не** (see *Basic Russian*, Units 8, 10 and 13).

- Both pairs of negative pronouns are declined like the corresponding interrogative pronouns **кто/что** ('who'/'what') (see examples below).

- Where a preposition is present, it is placed after **не** or **ни**, to give 'negative particle + preposition + pronoun', all written separately:

| Не с кем было оставить ребёнка. | 'There was no one to leave the child with.' |

Examples with нечего/некого

nom.	(none)	(none)		
acc.	нечего	некого	Нам тут нечего делать.	'There is nothing here for us to do.'
gen.	нечего	некого	Ей некого было спросить.	'She had no one to ask.'
dat.	нечему	некому	Не к кому обратиться за помощью.	'There is no one here to turn to for help.'
inst.	нечем	некем	Нечем открыть бутылку.	'There is nothing to open the bottle with.'
prep.	не о чем	не о ком	Мне с ней не о чем будет говорить.	'I will have nothing to talk to her about.'

Examples with ничего/никто

nom.	(ничто)	никто	Никто не приходил.	'Nobody came.'
acc.	ничего	никого	Я ничего не видел.	'I saw nothing.'
gen.	ничего	никого	Они ни у кого не берут деньги.	'They do not take money from anyone.'
dat.	ничему	никому	Никому не говори!	'Do not tell anyone!'
inst.	ничем	никем	Я ничем не занят.	'I am not busy with anything.'
prep.	ни о чём	ни о ком	Она ни о чём не говорила.	'She was speaking about nothing.'

Note that:

- **ничего** is normally used with intransitive verbs instead of **ничто**;
- the stress *always* falls on the first syllable of the **нечего/некого** negative pronouns (**не́чего**, **не́кого**, etc.), whereas the stress *always* falls on the final syllable of the **ничего/никто** negative pronouns (**ничего́**, **никто́**, etc.).

Exercise 1

State the case of the negative pronoun in the following examples.

1   Никто не приходил и не звонил.
2   В квартире было темно, никого не было дома.
3   Он ни с кем не говорил об этом.
4   Ничто её не радовало.
5   Ничего нового мы не узнали.
6   Пожалуйста, об этом никому не говорите!
7   Мы так ни от кого ничего не смогли узнать.

Exercise 2

Answer the following questions with a negative pronoun only, as in the model.

Model: У кого ты брал этот словарь? → Ни у кого.

1   Кто приходил?
2   С кем ты была вчера?
3   О ком вы говорили?
4   Кого ты любишь?
5   Что ты сказал?
6   О чём он спросил?
7   Чем ты занимаешься?
8   Кому ты об этом уже рассказал?

Exercise 3

Fill in the gaps with appropriate forms of **ничто** or **никто**.

1   В комнате __ нет. Все ушли.
2   __ не опоздал.
3   Я __ не видел из своих знакомых.
4   __ не случилось.
5   Он __ не рассказал об этом.
6   Дети все устроились. Она уже __ не заботится.

7 Его __ не интересует.
8 Меня __ не знакомили
9 В статье нет __ интересного.
10 Ты __ не интересуешься?

Exercise 4

Insert the appropriate form of **ничто** or **никто** in the gaps.

1 Я знаю, что скоро у вас начнутся каникулы и в Рождество на
   кафедре, наверное, __ не будет.
2 Прочитал про Гольфстрим и даже расстроился: __ точно __ не знает,
   пишут какую-то ерунду.
3 Я спрашивал отца, что случилось с этим мальчиком, почему все
   гонят его и __ не хочет ему помочь?
4 Беня намекал мне, что с женой у него проблемы, что он и в Россию
   поехал потому, что чувствовал себя совершенно __ не нужным.
5 Я __ про это не рассказывал. Вам я рассказал на всякий случай.
6 И они пили чай и говорили о театре, только о театре, __ другом.

Exercise 5

Fill in the gaps with appropriate forms of **нечего** or **некого**.

1 Хорошо поёт. Говорить __!
2 __ было говорить об этом деликатном деле.
3 Сегодня я встал рано, мне делать стало __ и я начал читать книжку
   «Дикие малыши».
4 Студентам __ было обратиться за помощью.
5 Нам здесь скучно. __ делать.
6 А почему смеётесь? Тут __ радоваться.
7 Ей __ было полагаться.
8 Нам __ было открыть бутылку.

Exercise 6

Fill in the gaps with appropriate forms of **ничто/никто** or **нечего/некого**.

1 Она __ не рассказывала свою историю.
2 Ну что о 1 сентября? В стране экономическая катастрофа, и детям
   скоро __ будет кушать!
3 __ помочь. Всех уже спасли.
4 Он жил с родителями в Сибири. Отец его умер в гражданскую войну
   . . . Матери __ было кормить мальчика, и она отдала его в детский
   дом.

5 Мне __ было посоветоваться.
6 Я __ не жду писем.
7 Мне __ ждать писем.
8 Она всегда одна. __ не общается.

NEGATIVE ADVERBS: некогда/никогда

Closely related to negative pronouns are negative adverbs, of which there are also two sets, one beginning in не-, the other in ни-. Negative adverbs beginning with не- appear in infinitive constructions, whereas ни- is used in other cases. Compare usage of the negative adverbs негде and нигде (both 'nowhere'):

Мне негде было спать.	'I had nowhere to sleep.'
	'There was nowhere for me to sleep.'
Я нигде не видел его.	'I did not see him anywhere.'

Compare the following examples:

*   **Некогда/никогда:**

Некогда скучать.	'There is no time to be bored.'
Я никогда не скучаю.	'I am never bored.'

*   **Негде/нигде:**

Ему негде работать.	'There is nowhere for him to work.'
Он нигде не работает.	'He does not work anywhere.'

*   **Некуда/никуда:**

Некуда было ехать.	'There was nowhere to go.'
Я никуда не ездил.	'I did not go anywhere.'

Exercise 7

Fill in the gaps with the appropriate form of the negative adverb (не- or ни-).

1 когда? — Надо же, а я этого __ не замечал.
2 когда? — Ольга всегда спешила, ей было всегда __.
3 где? — У нас на факультете __ посидеть и попить кофе.
4 куда? — Жить в деревне скучно, __ пойти вечером.
5 куда? — Но мы решили __ не уезжать.
6 куда? — Квартира очень маленькая, __ поставить рояль.
7 когда? — Называя богохульским текст книги «Мастер и Маргарита» — православная церковь __ не предавала Булгакова анафеме.

8 где?   — Его донимали не коммунистические, а коммунальные
              порядки — жить было __.
9 куда?   — Но ведь это же путь в __, Галя!
10 где?   — Я __ не видел столько красивых девушек.

Exercise 8

Fill in the gaps with the appropriate form of the negative pronoun or adverb
(не- or ни-).

1 Я искала преподавателя целый день, но его __ не было. Наверное, он
   болен.
2 — Что сегодня стоит посмотреть по телевизору? — По-моему,
   сегодня смотреть совершенно __. Я уже просмотрела программу в
   газете и __ хорошего там не нашла.
3 — Как вы успеваете и учиться, и работать, и заниматься спортом, да
   ещё и писать романы? — Да что вы, я всегда спешу, всюду
   опаздываю, и мне всегда __.
4 — Он, как обычно, сделал всё по-своему и __ не посоветовался.
5 У милиции и так забот полон рот, __ им за пацанами бегать.
6 По большому счёту, __ ничего не получается.
7 Мои родители жили в Ленинграде, — киношники, им __ было
   сидеть с внуком.
8 Только, если вы живёте на первом этаже, не забывайте перед уходом
   занавешивать окна, а то будет видно, что там __ нет.
9 Любому интересно услышать то, что он __ не слышал.

Exercise 9

Complete the following sentences by inserting the words below in an
appropriate form.

Words: вечеринка, вмещать, выходные, ди-джей, множество,
посетитель, разнообразный, развлекательный, танцпол

1 Микроавтобус __ человек 15.
2 В последнее время __ мавзолея стало меньше.
3 На стадионе было __ людей.
4 В этом магазине много __ товаров.
5 На __ летом всегда ездят на дачу.
6 Фильм безусловно __, но не очень глубокий.
7 В больших ночных клубах обычно больше одного __.
8 __ всю ночь крутил пластинки.
9 Её пригласили на __.

WORD BUILDING: раз-/рас-

Note the words in the text **Чикаго** below which contain the prefix **раз-** (**рас-** before a voiceless consonant). These are often equivalent to the English prefix 'di-' or 'dis-', carrying a sense of separation or divergence:

разный	'different', 'differing', 'various', 'diverse'
развлекательный	'entertaining', 'distracting' in the sense of being drawn (**-влечь**) in different directions (**раз-**)
разнообразно	'varied', 'diverse'
различный	'different', 'differing', 'various', 'diverse'

Other words in Russian beginning with the prefix **раз-** (**рас-**) ultimately derive their meaning from this distributive sense, though this may not be immediately obvious:

разговор	'conversation' (speaking in different directions)
рассказ	'short story' (tale or account moving in different directions)

Exercise 10

(a) Complete the following sentences by inserting the verb forms below.
(b) Write out the infinitive form of the verb in the imperfective and perfective aspects after each sentence.

Verb forms: развелись, различать, разнёс, разобрать, разошлись

1   После вечеринки, все __ по домам.
2   Почтальон __ письма по адресам.
3   Механик должен был __ мотор.
4   Они уже не могли терпеть друг друга. В конце концов __.
5   Люся страдает дальтонизмом, то есть не умеет __ цвета.

Exercise 11

Select which statement is true by consulting the text below.

Чикаго

Геи любят музыку и вечеринки. В Кёльне существует множество кафе и баров, где они собираются и проводят своё свободное время. Самым большим ночным клубом является «Лу-Лу». «Лу-Лу» известен не только в Германии, но и по всей Европе. Сюда на выходные специально приезжают из Бельгии, Голландии, Швеции. Здесь можно встретить итальянцев, испанцев, китайцев, турок, бразильцев — словом, людей самых разных национальностей. Средний возраст публики лежит между 20 и 30 годами. Посетители клуба — это в основном мужчины, женщины составляют меньше одной шестой. Клуб вмещает до 2 тысяч человек, имеет два танцпола (хаус и музыка 70–80-х) и 8 баров. [. . .]

Развлекательная программа клуба разнообразна: один из двух танцполов, на котором играют музыку 70–80-х годов, часто используется для проведения различных шоу-программ. На главном, хаус-танцполе, каждый час по 15 минут выступают танцоры. В клубе работают три ди-джея: Mark Hell, Dj Marlene и Dj Bella.

(Пт., февраль 1998)

1   В Кёльне
   (а)   много кафе и баров.
   (б)   мало кафе и баров.
   (в)   довольно много кафе и баров.
   (г)   почти нет кафе и баров.
2   (а)   Самым большим баром в Кёльне является «Лу-Лу».
   (б)   Самый большой ночной клуб в Кёльне называется «Лу-Лу».
   (в)   Самым известным ночным клубом в Кёльне является «Лу-Лу».
3   Посетители клуба
   (а)   только европейцы.
   (б)   — люди самых разных национальностей.
   (в)   в основном бельгийцы, голландцы и шведы.
4   В клубе обычно
   (а)   больше мужчин, чем женщин.
   (б)   больше женщин, чем мужчин.
   (в)   только люди двадцати-тридцати лет.
5   (а)   На двух танцполах играют музыку хаус.
   (б)   На одном из двух танцполов играют музыку хаус.
   (в)   На двух танцполах играют в основном музыку 70–80 годов.
6   Танцоры выступают
   (а)   час.
   (б)   15 минут.
   (в)   каждые 15 минут.

DECLENSION OF NUMERALS

The declension of cardinal numbers in Russian is best explained by dividing the numerals according to their type of declension.

• 1: один (m.) одна (f.) одно (n.) одни (pl.) declines like a pronoun, such as этот:

| Осенью 1964 года был организован «круглый стол» в редакции одной из центральных газет. | 'In the autumn of 1964 a "round-table" discussion was organised in the editorial offices of one of the national newspapers.' |

Compound numbers ending in 1 (21, 31, etc.) decline like один/одна/одно:

| двадцать один день | 'twenty-one days' |

- 2: The case endings of два (m. and n.) две (f.) coincide, except for the nominative–accusative:
  - nominative:

| На столе два рубля/две книги. | 'There are two roubles/books on the table.' |

  - accusative:

| Он положил на стол два рубля/две книги. | 'He put two roubles/books on the table.' |

  - the genitive plural is двух:

| Вам понадобится около двух килограммов свиного филе. | 'You will need about two kilogrammes of pork fillet.' |

Compound numbers ending in 2 (22, 32, 1002, etc.) decline like два/две:

| двадцать две тарелки | 'twenty-two plates' |

- 3, 4: три and четыре are declined alike, except for their instrumental endings (тремя and четырьмя):

| Дача у Седова совсем неподалёку, в трёх километрах от его основного жилища. ((в) трёх is prepositional) | 'Sedov's dacha was very close, three kilometres away from his main dwelling place.' |

| Чтобы затмить лозунг Рузвельта о четырёх свободах: «Свобода совести, свобода слова, свобода передвижений и свобода от страха» — вовсе не надо быть Рузвельтом. ((о) четырёх is prepositional). | 'To surpass Roosevelt's slogan about the four freedoms – "Freedom of conscience, freedom of speech, freedom of movement freedom from fear" – it is by no means necessary to be (a) Roosevelt.' |

Compound numbers ending in 3 or 4 (23, 54, 102, etc.) decline like три and четыре:

| пятьдесят четыре километра | 'fifty-four kilometres' |

- 5–20 and 30: The numerals 5–20 and 30 are declined alike, following the same declension pattern as feminine singular nouns ending in a soft sign (e.g. **кость** ('bone')). The numeral 8 has two forms of the instrumental: **восьмью** ог **восемью**.

Здесь девять из десяти людей постарше без ландышей уже жить не могут. (десяти is genitive)	'Nine out of ten older people here cannot live without lilies of the valley.'

Compound numbers ending in 5–9 decline like the numerals 5–9 (59, 68, 105, etc.):

сто пять страниц	'a hundred and five pages'

- 40, 90 and 100: **сорок** (40), **девяносто** (90), **сто** (100) end in -a in all oblique cases:

Их раньше — давно — было около сорока. (сорока in genitive)	'Before, a long time ago – there were about forty of them.'
Проехали больше ста километров.	'They travelled over a hundred kilometres.'

- 50, 60, 70 and 80: **пятьдесят, шестьдесят, семьдесят, восемьдесят** have both component parts declined. Each part is declined like a feminine noun ending in a soft sign:

из семидесяти человек	'out of seventy people'

There is no final soft sign in these numerals in the nominative and accusative case.

- 200, 300 and 400: **двести, триста, четыреста** have both component parts declined.

- 500, 600, 700, 800 and 900: **пятьсот, шестьсот, семьсот, восемьсот, девятьсот** have both component parts declined:

с высоты трёхсот километров	'from a height of three hundred metres'

- 1000: **тысяча** is declined as a feminine noun:

одна тысяча, две тысячи, пять тысяч	'one, two, five thousand(s)'
По тысяче рублей получаем.	'We receive a thousand roubles each.'

Тысяча has two forms of the instrumental: **тысячей** or **тысячью**. After numerals in oblique cases, **тыяча** goes into the plural form of that oblique case:

| Путёвка стоит около трёх тысяч долларов. (тусяч is genitive plural) | 'The holiday costs about three thousand dollars.' |

- 1.000.000 and 1.000.000.000: миллион and миллиард are declined like masculine nouns:

| один миллион, два миллиона, пять миллионов | 'one, two, five million(s)' |

Note the full stop in Russian numerals of a million or billion where English has a comma. After numerals in oblique cases, миллион and миллиард go into the plural form of that oblique case:

| город более двух миллионов жителей (миллионов is genitive plural) | 'a city of over two million inhabitants' |

- Compound numerals (36, 123, 1225): all component parts are declined:

| улица двадцати шести бакинских комиссаров (двадцати шести is genitive) | 'the Twenty-Six Baku Commissars Street' |
| В замечательном государстве Сьерра-Леоне человек счастливо доживает почти до тридцати пяти ... (тридцати пяти is genitive) | 'In the remarkable country of Sierra-Leone the [average] man lives almost until the age of thirty-five ...' |

Exercise 12

Write out in full the numerals taken from **Чекаго**.

1   Клуб вмещает до 2 тысяч человек . . .
2   . . . имеет два танцпола (хаус и музыка 70–80-х) и 8 баров . . .
3   На главном, хаус-танцполе, каждый час по 15 минут выступают танцоры.

Exercise 13

Match the beginnings and ends of the sentences, writing out in full the numerals in brackets.

| 1 | Норильск и Москва настолько далеки, | i | (1) из любимых яств Георгия. |
| 2 | «Апельсиновая свинина» — горячее блюдо, | ii | — с грустной улыбкой ответил: «Я здесь до пенсии не доживу . . .» |

3	Кроме безработных,	iii	жертв геноцида в годы Второй мировой войны.
4	В плавцехе (1) парень на мой вопрос: «Будешь здесь до пенсии?»	iv	Шарлотта Черч мечтала о славе.
5	День Холокоста — День памяти (6.000.000) евреев,	v	насколько это вообще возможно для (2) городов (1) планеты.
6	Развлекательная программа клуба разнообразна: (1) из (2) танцполов . . .	vi	после (900) дней осады была снята блокада Ленинграда.
7	(55) лет назад	vii	есть ещё (36000) пенсионеров.
8	С (3) лет	viii	часто используется для проведения различных шоу-программ.

Agreement of numerals with nouns

- **Один, одна, одно, одни** and their compounds agree with the noun in the singular and plural:

Один день Ивана Денисовича	'One Day [In the life of] Ivan Denisovich'
Тысяча и одна ночь	'A thousand and one nights'

- The nominative case of **два (две)**, **три**, **четыре** and of compound numbers ending in 2, 3 and 4 (22, 33, 34) is followed by nouns in the genitive singular:

Сейчас три часа.	'It's now three o'clock.'

- The nominative case of numerals from 5 onwards is followed by nouns in the genitive plural:

В сентябре — тридцать дней.	'There are thirty days in September.'

- The accusative case of inanimate nouns is the same as the nominative:

Я купил две книги.	'I bought two books.'
Он увидел шесть столиц.	'He saw six capital cities.'

- The accusative of animate nouns is the same as the genitive. The distinction between animate and inanimate nouns is made only with **один, одни, два, две, четыре, двести, триста, четыреста.**

Я видел двух девочек и трёх мальчиков.	'I saw two girls and three boys.'

In the oblique cases the numeral and the noun always agree in case, the noun being declined in the plural:

- genitive:

Вам понадобится около двух килограммов.	'You will need about two kilogrammes.'
За это высказались шесть из семи членов суда.	'Six out of seven of the members of the court came out in favour of this.'

- dative:

Они доехали до дачи к пяти часам.	'They reached the dacha by five o'clock.'

- instrumental:

Он поехал в театр с тремя друзьями.	'He has gone to the theatre with three friends.'

- prepositional:

Оказалось, дача у Седова совсем неподалёку, в трёх километрах от его основного жилища, на речке Ивица.	'It turned out that Sedov's dacha was very close, three kilometres away from his main dwelling place, on the river Ivitsa.'

The numerals **тысяча, миллион, миллиард,** which are nouns, behave differently from 'proper' numerals (as above), and are followed by the genitive plural of nouns in all six cases:

город более двух миллионов жителей	'a city of over two million inhabitants'
Пришёл с тысячью рублей в кармане.	'He arrived with a thousand roubles in his pocket.'
(compare **с пятью рублями**	'with five roubles')

Exercise 14

Match the contents of both columns so that the sentences make sense, putting the numerals and nouns in brackets in the appropriate case.

1	Алексею	i	Его пьесы идут более чем в (20 театр), в том числе в Германии, Финляндии, Швейцарии, США.

2 Там очень небольшие деньги — что-то около (100.000.000 рубль) на всю страну,

ii без работы не могу.

3 На (2 кресло) под широким зонтом

iii общаются одновременно на (4 язык).

4 Алексей Слаповский — прозаик, драматург. Автор (3 книга), изданных в России, и (1) — в Париже.

iv тут же неподалёку бродвейские театры, кино и Карнеги-холл со многими залами.

5 За столом гости оживлённо

v (31 год).

6 Я ведь трудоголик, с (6 год) на ферме,

vi умещаются (5 человек). Отдыхают.

7 А в (10 минута) от парка музеи: Метрополитен, Модерн-Арт,

vii в (500 метр) от свалки.

8 Фунтик знает, что на самом деле его зарезали чужие в пьяной драке

viii — которые мало чем могут помочь.

Exercise 15

Complete the sentences by inserting the appropriate form of the Russian word for DJ.

1 __ зовут Mark Hell.
2 Он очень известный __.
3 В этом клубе работают два __.
4 В том клубе работает много__.
5 Пол Джонсон является самым известным __ из всех тех, кто посещал Птюч-мероприятия.
6 Я попросил __, чтобы он больше играл музыки 80-х годов.

UNIT EIGHTEEN
Participles

PRESENT ACTIVE PARTICIPLE

This participle is an adjectival form of the verb used most often to replace a relative (**который**) clause in the present tense:

Человек, читающий книгу, русский.	'The person (who is) reading the book is a Russian.'

which could have been expressed – and in conversation most likely would have been – with the help of a relative clause: **Человек, который читает книгу, русский**.

The present active participle may appear in sentences where the main verb is in another tense:

Женщина, пишущая роман (= которая пишет роман), родилась в Ростове.	'The woman writing the novel was born in Rostov.'

The present active participle can only be formed from imperfective verbs. To form the participle, take off the final **-т** of the 3rd p. pl. of the present tense and add the adjectival endings: **-щий, щая, щее, щие**:

даю-т: даю-щий, даю-щая, даю-щее, даю-щие	'who is/are giving'
любя-т: любя-щий, любя-щая, любя-щее, любя-щие	'who is/are loving'
держа-т: держа-щий, держа-щая, держа-щее, держа-щие	'who is/are holding'

The present active participle ending begins with the letter **щ**.

As with adjectives, the participle agrees in number, case and gender with the noun it is qualifying, which in the case of the participle usually means the noun or noun phrase preceding it (the antecedent). Thus, in the example **Человек, читающий книгу ...** the participle **читающий** agrees in gender, number and case with its antecedent **человек**. Study the examples below:

- sg., nom., f.:

  Газета, лежащая на столе, его.   'The paper on the table is his.'

- sg., acc., f.:

  Я видел девушку, стоящую на   'I saw a girl standing at the
  углу.   corner.'

- pl., gen.:

  Большинство студентов,   'Most of the students studying in
  учащихся в Литинституте, живут   the Literary Institute live in the
  в общежитии.   hostel.'

- sg., dat., m.:

  Он пошёл к врачу, работающему   'He has gone to the doctor who
  в городской поликлинике.   works in the city hospital.'

- pl., inst.:

  Я разговаривал со студентами,   'I was chatting to the students
  изучающими испанский язык.   who are studying Spanish.'

- pl., prep.:

  Он говорил о дачах,   'He was talking about dachas that
  находящихся далеко от станции.   are situated far from the station.'

The present active participle form of verbs ending in **-ся** is *always* **-ся**, regardless of whether the verb form ends in a vowel or a consonant:

Здание, находящееся на углу,   'The building situated on the corner is
Министерство обороны.   the Ministry of Defence.'
Он говорил о дачах,   'He was talking about dachas that are
находящихся далеко от   situated far from the station.'
станции.

A comma must come before a participle which follows the noun it is qualifying:

Я получила письмо от подруги,   'I received a letter from a friend who
живущей в Италии.   is living in Italy.'

Note also that another comma is obligatory if the main verb follows the participial clause:

Девушка, идущая к нам, учится   'The girl walking over to us studies
в ГИТИСе.   in the Theatrical Institute.'

Exercise 1

Match the contents of both columns so that they make sense, replacing the relative (**который**) clauses with a present active participle.

1	В аудиторию вошла преподавательница,	i	которые сегодня сдают экзамены.
2	Студенты, которые желают поступить в МГУ,	ii	которые работают в Академии наук.
3	Я не знаком с женщиной,	iii	которая живёт в США.
4	Это дом для учёных,	iv	которая живёт в соседней квартире.
5	В коридоре курят студенты,	v	которая читает нам лекции по экономике.
6	Туристам, которые желают поехать на экскурсию,	vi	нужно прийти на вокзал в 7 часов утра.
7	Она каждый месяц пишет подруге,	vii	должны сдавать вступительные экзамены.

PAST ACTIVE PARTICIPLE

This participle is an adjectival form of the verb used most often to take the place of a relative (**который**) clause:

Человек, читавший книгу, русский.   'The person who was reading the book is a Russian.'

which could have been expressed – and in conversation most likely would have been – with the help of a relative clause: **Человек, который читал книгу, русский**.

While the present active participle can only be formed from imperfective verbs, the past active participle may be formed from both imperfective verbs – as in the example above – and perfective verbs:

Человек, прочитавший книгу   'The man who (has) read the
(= который прочитал книгу), русский.   book is a Russian.'

To form the past active participle take off the final **-л** of the m. sg. past tense ending and add the adjectival endings: **-вший, -вшая, -вшее, -вшие**:

чита-л: чита-вший, чита-вшая, чита-вшее,   'who was/were reading'
чита-вшие
съе-л: съе-вший, съе-вшая, съе -вшее,   'who (has/had) eaten'
съе-вшие
кури-л: кури-вший, кури-вшая, кури-вшее,   'who was/were smoking'
кури-вшие

The past active participle ending begins with the letter **ш**.

If the masculine past tense form does not end in -л, then add -ший, -шая, -шее, -шие:

умер: умер-ший, умер-шая, умер-шее, умер-шие	'who (has/had) died'

Note the past active participle forms for идти ('to go') and вести ('to lead'):

шёл: шед-ший, шед-шая, шед-шее, шед-шие	'who was/were going'
вёл: вед-ший, вед-шая, вед-шее, вед-шие	'who was/were leading'

As with the present active particle, the past active participle agrees in number, case and gender with the noun it is qualifying:

- sg., nom., m., pf.:

Ураган «Митч», разгромивший половину Центральной Америки, наконец успокоился.	'Hurricane "Mitch", which has destroyed half of Central America, has finally subsided.'

- sg., nom., f., pf.:

Сотрудница, вышедшая тоже «на минутку», появилась через полтора часа.	'The employee who had also just gone out "for a second" appeared an hour and a half later.'

- pl., nom., pf.:

Студенты, окончившие МГУ, легко находят работу.	'Students who graduate from Moscow State University find work easily.'

- sg., acc., m., impf.:

Я спросил мальчика, стоявшего на остановке, где находится театр.	'I asked the boy (who was) standing at the bus stop where the theatre was.'

- pl., gen., pf.:

Это общежитие для студентов, приехавших из-за города.	'That hostel is for students who have come from the country.'

- sg., dat., m., impf.:

Он позвонил другу, работавшему в «Московском комсомольце».	'He rang up his friend who worked on the "Moskovsky Komsomolets" newspaper.'

- sg., inst., f., pf.:

Я познакомился с женщиной, проработавшей пять лет в Исландии.	'I got to know a woman who had worked for five years in Iceland.'

- pl., prep., pf.:

Он читает лекцию о писателях, родившихся в Ирландии.	'He's giving a lecture on writers who were born in Ireland.'

As with the present active participle, the past active participle ending for verbs ending in **-ся** is *always* **-ся.**

Exercise 2

Match the beginnings and endings of the sentences replacing the relative (**который**) clause with a past active participle.

1 Милиционер подошёл к грузовику,	i который остановился посредине улицы.
2 На концерте выступил певец,	ii который написал роман о чеченской войне.
3 Моя подруга, которая с детства мечтала стать актрисой,	iii который пел на арабском.
4 Я знакома с писателем,	iv поступила в театральный институт.
5 Самолёт, который вёз апельсины,	v приземлился вовремя.

Exercise 3

Complete the sentences below by placing the verbs in brackets in the appropriate past active participle form.

1 80 лет назад, в 1919г., был образован Коммунистический университет имени Свердлова — (просуществовать) до 1935 года.
2 65 лет назад, в 1934г., родился лётчик-космонавт Алексей Архипович Леонов, первый землянин, (совершить) выход в открытый космос (в марте 1965 года).
3 20 лет назад, в 1979г., первыми людьми, (достичь) Северного полюса на лыжах, стали Дмитрий Шпаро и шестеро членов советской полярной экспедиции.
4 Это был человек сильной души, крепкой воли, много (трудиться) над самообразованием, всегда углубленный в чтение новых сочинений и неустанно деятельный.
5 Тысячи лет здесь была тундра с оленями, (бродить) по стратегическим запасам никеля, меди и платины.

Exercise 4

Complete the following sentences by using the appropriate form of the verb from the list below.

Verbs: бушевать, весить, нуждаться, произойти, руководить, состоять

1 Беспризорные дети __ в помощи. (present)
2 Море __. (present)
3 Семья __ из трёх человек. (present)
4 Арбуз __ 5 килограммов. (present)
5 Владимир Ильич Ленин __ русской революцией. (past)
6 С ним вчера __ интересный случай. (past)

Exercise 5

Now complete the three texts below – (a), (b) and (c) – by putting the appropriate verb from the same list as above (Exercise 4) into the active participle form as indicated in each sub-heading.

(a) Present active participle
Фараоны тоже были люди
И они тоже любили головоломки. Об этом свидетельствует проданная недавно в Лондоне самая древняя из известных нам и, безусловно, самая дорогая из головоломок. Она представляет из себя трёхмерную золотую фигуру, __ (1) из 142 частей и __ (2) около 20 кг. Продана «игрушка» была за 35 тыс. фунтов стерлингов, 10 тыс. из которых пошли на помощь __ (3) детям. (О, декабрь 1998)

(b) Past active participle
500 жилых кварталов было уничтожено во время землетрясения, __ (4) 18 апреля в Сан-Франциско. В огне пожаров, __ (5) несколько дней, погибли более 400 человек.

(c) Past active participle
Начало Севастопольского восстания. На крейсере «Очаков» поднят красный флаг. 15(28) ноября П.П. Шмидт, __ (6) восстанием, арестован. По приговору суда 20 февраля (2 марта) расстрелян на острове Березань.

Exercise 6

Participles are frequently found in newspaper language. Complete the extract from a newspaper article below by inserting the verbs supplied from the list below in the appropriate past active participle form.

Verbs: парализовать, разразиться, сложиться

___ (1) в августе финансовый кризис, ___ (2) экономику, отодвинул ещё дальше в будущее интеграционные замыслы. Меняют ли что-то в ___ (3) ситуации визиты российского президента в Узбекистан и Казахстан? И да, и нет . . .

(МН, октябрь 1998)

Exercise 7

Put the verbs in brackets in the present participle to complete Bulat Okudzhava's definition of an **интеллигент**.

«Интеллигент — это человек, независимо (мыслить), (жаждать) знаний, бескорыстно (служить) общественному добру, не приемлющий насилия, (признавать) гуманные средства достижения цели, (уважать) личность, склонный к сомнению в собственной правоте, не (стремиться) к власти.»

(Окуд., ДН, октябрь 1998)

PRESENT PARTICIPLES AS NOUNS

There are several present active participles that are considered nouns:

курящий   'a (male) smoker'
непьющая   'a (female) non-drinker, teetotaller'

but that decline as participles (adjectives):

В группе было много курящих.   'There were a lot of smokers in the group.'

More examples are found in the exercise below.

Exercise 8

Complete the following sentences by inserting the nouns below in the appropriate form. All the nouns are participles in form.

Nouns: ведущий, курящий, начинающий, непьющий, служащий, трудящийся, учащийся

1   Раньше он был зарубежным корреспондентом, а теперь он работает ___.
2   В нашем институте около десяти тысяч ___.
3   «___ всех стран — соединяйтесь!»
4   На первом курсе кафедры китайской филологии все ___.

5 После того, как он бросил курить, он больше не мог терпеть __ в своей квартире.
6 На вечеринке зарубежных студентов было удивительно много __.
7 Мой дед работал __ в Министерстве высшего образования.

PRESENT PARTICIPLES AS ADJECTIVES

There are several present active participles that are considered adjectives: for example, **текущий** 'current', which is the present active participial form of **течь** 'to flow' (**текут** → **текущий**):

• **текущий** as participle:

Река, текущая с севера на юг,   'The river that flows from north to
называется Шеннон.   south is called the Shannon.'

• **текущий** as adjective:

Я интересуюсь текущими   'I'm interested in current affairs.'
событиями.

Participles used as adjectives tend to have a broader meaning than their purely participial counterparts. More examples are found in the exercise below.

Exercise 9

Complete the following sentences by inserting the adjectives below in the appropriate form. All the adjectives are participles in form.

Adjectives: вызывающий, блестящий, ведущий, выдающийся, далеко идущий, подходящий, следующий, текущий

1 В своей области он __ специалист.
2 Её действия имели __ последствия.
3 Наконец пришёл __ момент сказать ему, что он не прав.
4 На __ день пришёл сын.
5 На экзамене он дал __ ответы.
6 Она всегда смотрит новости. Следит за __ событиями.
7 Он безусловно __ учёный.
8 Ваше поведение крайне __.

KEY TO EXERCISES

Unit 1

Exercise 1 1 Нина 2 Иванов 3 Валентина Евгеньевна 4 Мальчик 5 коллеги 6 гости 7 друзья 8 Сергей Петрович
Exercise 2 1-vi, 2-iii, 3-i, 4-ii, 5-iv, 6-v
Exercise 3 1-iii, 2-v, 3-vi, 4-ii, 5-iv, 6-i
Exercise 4 1-v, 2-vi, 3-i, 4-ii, 5-iii, 6-iv
Exercise 5 1 Горького 2 Белинского 3 Куйбышева 4 Кирова 5 Чернышевского 6 Максима Горького.
Exercise 6 1-vii, 2-i, 3-iv, 4-ii, 5-iii, 6-v, 7-vi
Exercise 7 1-iv (Калинина, Калинина), 2-v (Маяковского, Ермоловой), 3-vi (Щукина, Райкина), 4-iii (Пушкина, Катерины), 5-i (Стасова, Дунаевского), 6-ii (Мусоргского, Чайковского, Шостоковича)
Exercise 8 1 б, 2 а, 3 б, 4 а, 5 б, 6 а
Exercise 9 1 б, 2 а, 3 б, 4 б, 5 б, 6 а
Exercise 10 1 С днём рождения! 2 С новосельем! 3 С Новым годом! 4 С окончанием школы! 5 С рождением ребёнка! 6 С Рождеством! 7 С серебряной свадьбой!
Exercise 11 1-a, 2-d, 3-e, 4-c, 5-g, 6-b, 7-f
Exercise 12 1 Вас, наступающим Новым годом, всего самого, успеха, радости, счастья, здоровья, Вам, Вашим близким 2 поздравить, великой, наградой, Сталинского 3 мне, пишете, целый, Новым годом, меня, поздравили 4 старый, получили, поздравляю тебя, всех, наступающим новым 5 холода, нахожусь, улице, стёкла, почту, читаю, «Огонька», электронной версии, становится, Новым годом вас
Exercise 13 (a) 1 г-а, 2 б-в, 3 б-в. (b) 1 Ваш, Ваши, пришли, мнению, нас, новом учебном, учёбы, быта, России 2 тебя, Новым годом, провели, большое, маленькую паровую машину, Рождество, Веры Фроловой, Татьяны Ивановны, Юлии Ивановны, книжки 3 могу, тебя, плачу, милый, жди, сможем, подруг, девочкой, этой девочкой
Exercise 14 Новый, новое, Вас, всего самого лучшего, здоровья, денег; дорогой, поздравляю, Новым годом, новым счастьем, желаю,

здоровья, счастья, успехов, большое, спасибо, Вашу милую; милый, Новым годом, новым счастьем, счастливы, здоровы

Exercise 15 дорогие, начнутся, кафедре, будет, пользуюсь, вас, наступающим Рождеством Христовым и Новым годом, вам всем счастливого, радостного года, исполняются, ваши желания, обходят, стороной, вам крепкого здоровья, удачи, всех ваших, спокойствия, радуют, блестящими успехами, любовью

Exercise 16   1-ii (даст, пропишет), 2-v (учатся), 3-i (уйдут, поставлю), 4-vi (привыкает), 5-iv (расцветают), 6-iii (прогремит)

Unit 2

Exercise 1   1 помощь 2 книгу 3 совет 4 письмо 5 приглашение 6 фотографию 7 тёплые слова 8 гостеприимство

Exercise 2   1-vii, 2-i, 3-viii, 4-vi, 5-ii, 6-iv, 7-iii, 8-v

Exercise 3   1 (а) Спасибо, что (вы) написали. (б) Спасибо за то, что (вы) написали. 2 (а) Благодарю вас, что смогли прийти. (б) Благодарю вас за то, что смогли прийти. 3 (а) Спасибо вам, что зашли. (б) Спасибо вам за то, что зашли. 4 (а) Он поблагодарил меня, что купила ему книгу. (б) Он поблагодарил меня за то, что купила ему книгу. 5 (а) Заранее благодарю вас, что смогли нам помочь. (б) Заранее благодарю вас за то, что смогли нам помочь.

Exercise 4   1-cba, 2-cba, 3-bca, 4-cba, 5-cba

Exercise 5   1-iv, 2-v, 3-i, 4-vi, 5-iii, 6-ii

Exercise 6   1 (а) Извините, что не пришёл. (б) Извините за то, что не пришёл. 2 (а) Простите, что опоздала. (б) Простите за то, что опоздала. 3 (а) Простите, что заставил вас долго ждать. (б) Простите за то, что заставил вас долго ждать. 4 (а) Простите, что не позвонил. (б) Простите за то, что не позвонил. 5 (а) Извините, что беспокою вас. (б) Извините за то, что беспокою вас.

Exercise 7   1-ii, 2-v, 3-i, 4-vi, 5-iii, 6-iv

Exercise 8   1-iii, 2-vi, 3-iv, 4-ii, 5-i, 6-v

Exercise 9   1 Он попросил меня купить хлеб. 2 Она посоветовала мне позвонить домой. 3 Она попросила меня позвонить на работу. 4 Она посоветовала нам прочитать его новый роман. 5 Они попросили нас принести с собой паспорт. 6 Они посоветовали нам взять с собой деньги.

Exercise 10   1 добрый, попросите, Ивана Сергеевича, одну минуточку, позову. 2 будьте, позовите, телефону, Зою Константиновну, слушаю 3 добры, попросите, Анну Георгиевну, одну секунду, передам. 4 Юру, его, подожди(те), подойдёт. 5 Вас, «Комсомольской правды», Павла Андреевича, Наталья Ивановна.

Exercise 11   7, 5, 4, 6, 3, 1, 2, 9, 8

Exercise 12   1-F, 2-F, 3-T, 4-T, 5-T

Exercise 13   1 сняли трубку 2 поздний звонок 3 в трубке 4 не туда попал

5 нажать на рычаг 6 в трубку 7 кто вам нужен 8 дома 9 давай 10 положил трубку

Unit 3

Exercise 1 1-xv, 2-xii, 3-xvi, 4-ix, 5-xvii, 6-xx, 7-xiv, 8-xiii, 9-vi, 10-viii, 11-v, 12-i, 13-xviii, 14-xi, 15-xix, 16-x, 17-ii, 18-vii, 19-iv, 20-iii

Exercise 2 1 У неё болит голова. 2 У неё болят уши. 3 У дочери болят ноги. 4 У меня болят глаза. 5 У ребёнка болит живот. 6 У Маши болит спина. 7 У отца болит зуб. 8 У матери болит сердце.

Exercise 3 1 У меня болело горло. 2 У Саши болела правая рука. 3 У Лии болели виски. 4 У Алёши болел затылок. 5 У неё болело всё тело. 6 У него болело сердце. 7 У Катюши болело колено.

Exercise 4 1 у меня, у тебя 2 у Вас, у Бориса Николаевича 3 у неё 4 у него 5 у России

Exercise 5 1-v, 2-iv, 3-i, 4-vi, 5-viii, 6-vii, 7-iii, 8-ii

Exercise 6 1 чтобы они быстро поженились 2 чтобы сын учился в Москве 3 чтобы поездка в Петербург состоялась 4 чтобы она пришла к нам в гости 5 чтобы я был(а) там 6 чтобы дочь вышла замуж 7 чтобы сам директор поговорил с вами

Exercise 7 1 чтобы он пошёл домой 2 чтобы она вернулась домой 3 чтобы они купили этот дом 4 чтобы она замолчала 5 чтобы Чечня была независимой 6 чтобы он ушёл

Exercise 8 1-v, 2-i, 3-vi, 4-iii, 5-ii, 6-vii, 7-iv

Exercise 9 (a) хочу, болел, ставили, взять, посылаю, сделал, были, говорит, печатают, получить, отдам, купит, поправится, будем (b) напечатай, сообщило, умер, помочь, люблю, умер, проверял

Exercise 10 1-F, 2-T, 3-T, 4-F, 5-T

Exercise 11 1-xv, 2-viii, 3-iv, 4-xvii, 5-xix, 6-xi, 7-xx, 8-xviii, 9-xiv, 10-ix, 11-vi, 12-v, 13-ii, 14-x, 15-iii, 16-i, 17-xiii, 18-xvi, 19-xii, 20-vii

Exercise 12 1-F, 2-F, 3-F, 4-T, 5-T, 6-T, 7-F

Exercise 13 1-vii, 2-iii, 3-i, 4-vi, 5-iv, 6-v, 7-ii

Exercise 14 1 замиранием, отношения 2 исполнение 3 названием 4 объявление 5 течение 6 пониманием

Exercise 15 1 принести, принеси, О 2 передать, передай, А 3 выключить, выключи, О 4 помочь, помоги, О 5 написать, напиши, А 6 убрать, уберите, О 7 принять, примите, А 8 подарить, подари, А

Unit 4

Exercise 1 1 из какой, из Смоленской области 2 в каком, в Литературном 3 какую, Известия 4 какая, я очень люблю новости 5 на какой, на Маяковского 6 в какой, в Невском Паласе 7 в каком, в ирландском, что на Арбате 8 в какой, в Спартаке

Exercise 2   1 кровать, котором 2 девушка, которая 3 стол, которым 4 зима, которое 5 фотоаппарат, которым 6 отпуск, которые 7 ответ, которыми 8 рыба, которое

Exercise 3   1-iii, 2-v, 3-viii, 4-vii, 5-i, 6-iv, 7-ii, 8-vi

Exercise 4   1-ii, 2-vii, 3-iii, 4-v, 5-i, 6-iv, 7-vi (questions 1 and 2 could both elicit vii)

Exercise 5   1-F, 2-F, 3-T, 4-F, 5-F

Exercise 6   1 приходилось ли вам 2 ухудшилось ли 3 можете ли вы 4 готовы ли вы 5 оказало ли 6 нравится ли вам 7 считаете ли вы 8 не боитесь ли вы

Exercise 7   1 когда-нибудь 2 как-то 3 что-то 4 как-то

Exercise 8   1 -нибудь, 2 -то, 3 -то, 4 -то

Exercise 9   1 когда-нибудь 2 когда-то 3 когда-то 4 почему-то

Exercise 10   1 в чём-то 2 кто-то 3 что-то 4 кто-то 5 кто-то, что-то

Exercise 11   1 кто-то 2 кто-нибудь 3 что-нибудь 4 какой-то 5 какого-нибудь 6 где-то 7 где-то 8 когда-нибудь

Unit 5

Exercise 1   1 Та, которая учится в МГУ. 2 Тот, который служил в Афганистане. 3 Те, которые играют вместе с Сашей. 4 Та, которая танцевала с тобой. 5 Те, которые живут в соседнем доме. 6 Тот, который всегда играет в футбол.

Exercise 2   Тот, кто... 1 дирижирует 2 ловит 3 танцует 4 лечит 5 смотрит 6 играет 7 ездит 8 учится 9 защищает

Exercise 3   1 Певец — это тот, кто любит и умеет петь. 2 Врач — это тот, кто лечит больных. 3 Журналист — это тот, кто работает в газете. 4 Поэт — это тот, кто пишет стихи. 5 Школьник — это тот, кто учится в школе.

Exercise 4   1-vii, 2-v, 3-ii, 4-vi, 5-iv, 6-i, 7-viii, 8-iii

Exercise 5   1 которая 2 которую 3 которая 4 которую 5 которые 6 который

Exercise 6   1-vi, 2-iv, 3-i, 4-iii, 5-ii, 6-v, 7-viii, 8-vii

Exercise 7   1-iv, 2-i, 3-vi, 4-v, 5-iii, 6-ii

Exercise 8   1 как неземные холодные красавицы 2 как никогда 3 как и многие современные композиторы 4 как Фрейд 5 как и предыдущая 6 как резиновые перчатки 7 как всегда

Exercise 9   1 как японский шпион 2 как зритель 3 как врага народа 4 как человеку призывного возраста 5 как Александр Кулешов, как редактор составитель А.П. Нолле 6 как пианист

Exercise 10   1 приучили 2 волновать 3 исполнитель 4 общается 5 воображение 6 воспринимать 7 тронута

Exercise 11   1-vii, 2-i, 3-iii, 4-ii, 5-vi, 6-iv, 7-viii, 8-v

Exercise 12   1-F, 2-F, 3-T, 4-T, 5-F

Unit 6

Exercise 1   1-b(идёшь)cad, 2-b(ходит)ac, 3-c(идёшь)bad, 4-ca(идём)db, 5-db(хожу)ac, 6-b(хожу)cad, 7-ba(иду)c

Exercise 2   1 fb (еду) ace, 2 b (едем) a (ездите) dc, 3 bed (едете) ac, 4 e (ездит) a (ездит) cbd, 5 d (ездим) ac (ездим) eb, 6 c (едет) ba

Exercise 3   1 Когда он шёл на рынок, он беседовал с соседкой. 2 Когда я шла в институт, я встретила Марка. 3 Когда я шёл на работу, я говорил с Леной. 4 Когда он шёл в метро, он купил цветы. 5 Когда мы шли в университет, мы зашли в аптеку. 6 Когда она шла домой, она зашла в магазин. 7 Когда они шли на реку, они собирали грибы.

Exercise 4   1 Вчера они ходили в центр. 2 А куда вы ходили в четверг вечером? 3 Утром она ходила в институт. 4 Мы позавчера ходили в кино. 5 Он ходил на лекцию? 6 Женя ходила вчера на дискотеку.

Exercise 5   1 ходил 2 шла 3 ходили 4 шла 5 шли 6 ходил

Exercise 6   1 Когда мы ехали в город, мы увидели из окна машины, как изменились наши края. 2 Когда она (машина скорой помощи) ехала в больницу, машина скорой помощи (она) застряла в пробке. 3 Когда я ехала в центр, я читала интереснейший роман. 4 Когда я ехал на работу, я столкнулся со старым другом. 5 Когда он ехал в Министерство, шофёр разговаривал с министром.

Exercise 7   1 Вы ездили когда-нибудь в Россию? 2 Летом мы ездили на Чёрное море. 3 Мы недавно ездили в отпуск на Канарские острова. 4 Коммерческий директор ездил на командировку в Венгрию. 5 Аня ездила в Соединённые Штаты в 1999 году. 6 Валерий Петрович уже ездил в Киев.

Exercise 8   1-iii, 2-iv, 3-vi, 4-i, 5-ii, 6-v

Exercise 9   1 получу, отдам 2 подрастёт, станет 3 закончит, начнёт 4 исполнится, смогу 5 научусь, найду 6 научусь, куплю 7 кончится, вернутся 8 услышишь, поймёшь 9 приеду, напишу

Exercise 10   1 покажу 2 куплю 3 повешу 4 придёшь 5 встречу 6 передам 7 закроют 8 отдохнём

Exercise 11   1 появится, куплю 2 приеду, пошлю 3 сдам, приеду 4 выйдет, пошлю 5 кончится, приду 6 узнаю, сообщу 7 договоримся, сообщу

Exercise 12   1 придёт, останусь 2 скажет, сделаю 3 изменится, поедем 4 победит, станет 5 съешь, станешь 6 заработаешь, сможешь 7 пойдёшь, увидишь 8 опубликуют, станешь 9 будет, позвоню

Exercise 13   1 приедете, посетите 2 придёт, опоздаем 3 спросишь, поймёшь 4 будет, закроете 5 пойду, скажу 6 возникнут, помогу 7 будет, надену 8 понравится, уйду

Exercise 14   1 позвони 2 придёт, позови 3 скажет, сделай 4 дадут, купи 5 будет, войди 6 предложат, откажитесь 7 попросят, спой

Exercise 15   1-v, 2-vi, 3-i, 4-ii, 5-iv, 6-iii

Unit 7

Exercise 1   белая лебедь, глухая улица, городской парк, деревянный забор, длинная верёвка, мужские брюки, православная церковь, садовая калитка, спортивная куртка, страшный сон

Exercise 2   видеть во сне, играть в шахматы, кататься на колесе смеха, кричать ура, носить брюки, плыть на пароходе, привязать верёвкой, ходить в куртке

Exercise 3   1 парк культуры и отдыха 2 смеха 3 брюки 4 переулкам 5 веселились 6 приснился 7 калитка 8 привязал

Exercise 4   (a) a single word: сегодня, рано, потом, после; (b) a phrase: 31 августа 1934 г., 12 сентября 1934, 24 ноября 1934, 27 декабря 1934, к обеду; (c) a clause: до тех пор пока Ундик не вошёл в комнату, когда я перелез через забор

Exercise 5   1 отправился 2 родился 3 покинули 4 шёл 5 взяли 6 пришла, принесла 7 приходил, принимали, угощали

Exercise 6   1 adverb 2 adverb 3 adverb 4 adverb 5 adverb 6 conjunction

Exercise 7   1-iii, 2-vii, 3-v, 4-vi, 5-i, 6-iv, 7-ii

Exercise 8   (a) вымыть, гастролировать, кончить, купаться, начаться, отправиться, переживать, получить, приобретать, убрать, хотеть (b) 1 началась, отправился 2 пользоваться, получат 3 кончишь, вымой, убери 4 хочет, есть 5 гастролируем, нет 6 было, купались 7 переживает, приобретает

Exercise 9   Imperfective verbs underlined once, perfective verbs twice. хотели; поехали; ходили; катался; ехали; купили; пришёл; пошли; ходили; пришли; пришла; веселились; играли; бегали; кричали; играл; ушли; легли

Exercise 10   встал, делал, занимались, поставили, договорились, купит, собираю

Exercise 12   1 заказать 2 перевести 3 заниматься 4 выйти, отнести 5 ходить 6 плавать 7 читать, писать, говорить 8 спросить

Exercise 13   1 вы 2 ребёнок 3 я 4 одежда 5 мы 6 средства массовой информации 7 милиционер

Exercise 14   1-vi, 2-vii, 3-ii, 4-iii, 5-iv, 6-v, 7-i

Exercise 15   1 ходила, пришла, принесла 2 уехала, приедет 3 пошли, приехала, приехал, уехали

Exercise 16   . . . Сегодня утром к нам приехала Женя Маленькая с Наташей. Наташа уже стала такая же как Таня тогда. Затем приехал папа Наташи — Юрий. Уехали они вечером. Завтра они приедут опять. (*1 июня — 37 г.*) К Лене и Зое приехала из Харькова какая-то девочка — Ася. У Ганьки появилась новая ракетка с проволочными струнами. Вы засмеётесь, не поверите? Пожалуйста! Я говорю лишь правду . . . Очень много играю в теннис, недавно у нас начался теннисный матч. Пока я на первом месте. (*5 августа — 37 г.*)

Unit 8

Exercise 1   1 виды транспорта 2 отверстия в стене, заборе 3 помещения, в котором живут люди 4 московские станции метро 5 места заключения 6 роды одежды 7 московские тюрьмы 8 домашние животные 9 участки земли 10 небесные тела

Exercise 2   дачный сезон, жаркий день, заходящее солнце, зелёные поля, зимнее пальто, каменная стена, мёртвая тишина, неприятная физиономия, несчастный случай, трёхэтажное здание

Exercise 3   выходить на следующую, ехать на метро, ждать на перроне, жить на даче, идти пешком, посадить в тюрьму, сесть во второй вагон, сидеть в тюрьме, стучать в дверь, ходить в пальто

Exercise 4   1 участие 2 его 3 денег 4 эту должность 5 решение 6 первую Конституцию СССР 7 декрет о введении в стране 8 душ

Exercise 5   1-v, 2-iii, 3-ii, 4-iv, 5-i

Exercise 6   1-iv, 2-i, 3-ii, 4-v, 5-iii

Exercise 7   1 После стакана пива я буду продолжать свою прогулку. 2 После тенниса . . . 3 После сигареты . . . 4 После обеда . . . 5 После лекции профессора Образцовой . . . 6 После новостей . . . 7 После первой главы . . . 8 После экзамена . . .

Exercise 8   1 (а) запишемся (б) через неделю, 2 (а) пойдём (б) после уроков, 3 (а) куплю (б) после обеда, 4 (а) приедет (б) через месяц, 5 (а) спрошу (б) после лекции, 6 (а) расскажу (б) через минуточку, 7 (а) исполнится (б) через три месяца

Exercise 9   1 через . . . после . . . 2 за . . . до . . . 3 через . . . после . . . 4 через . . . после 5 за . . . до . . . 6 за . . . до . . . 7 через . . . после . . . 8 через . . . после . . .

Exercise 10   1 за пять минут до начала спектакля 2 за неделю до отъезда поезда 3 за пять минут до начала лекции 4 через три недели после конца сессии 5 через год после начала войны 6 через год после ареста 7 300 лет назад, в 1698г. 8 за несколько дней до начала войны

Exercise 11   1 тогда 2 тогда 3 потом 4 тогда 5 потом, потом 6 тогда 7 потом 8 тогда 9 потом

Exercise 12   1 там, там 2 тогда 3 там 4 там 5 там 6 там 7 тогда 8 тогда

Exercise 13   1 придёт 2 хочет 3 состоится 4 вспомнил 5 найду 6 ходит 7 называется 8 приехал

Exercise 14   1 ведёт 2 иду 3 ждут 4 позвонит 5 уйду 6 сдадут 7 буду ждать 8 хочет

Exercise 15   1-v, 2-iv, 3-ii, 4-i, 5-iii, 6-vii, 7-vi

Exercise 16   1 Состоялась дуэль между Николаем Гумилёвым и Максимилианом Волошиным. Эта дуэль проходила на Чёрной Речке, неподалёку от места дуэли Пушкина, и закончилась, к счастью, без кровопролития. 2 Скажите, вы любите балет? 3 Он занялся делом: искал для себя экономическую и социальную ниши. И нашёл. Во-первых, женился на москвичке, во-вторых, стал одним из главных производителей кроссвордов в столице, снабжает ими добрую половину московских газет и журналов.

Exercise 17 1 «Огонька» 2 «Полежаевская» 3 «Горе от ума» 4 «Советский воин», «Известия», «Правда» 5 «Альфа» 6 «Мелком бесе» 7 «Московских новостях» 8 «Пушкинский»

Exercise 18 1-vii (весьма), 2-ii (слишком), 3-v (очень, особенно), 4-i (вполне), 5-iv (крайне), 6-viii (обязательно), 7-vi (тяжело) 8-iii (ужасно)

Unit 9

Exercise 1 1 Василеостровский район 2 высокая зарплата 3 налоговая инспекция 4 небедный человек 5 средний класс

Exercise 2 1 выйти на минутку 2 задавать вопрос 3 заполнить налоговую декларацию 4 платить за консультацию 5 пойти к юристу 6 собирать налоги

Exercise 3 1 в бегах–заняты 2 небедный–богатый 3 немалые деньги– большие деньги 4 остальные–другие 5 отправиться–пойти 6 разобраться–понять 7 сотрудник–служащий, работник

Exercise 4 1 инспекцию, 2 налоговую, 3 класса, 4 разобраться, 5 задаю, 6 высокая, 7 отдать, 8 налоговая, 9 в бегах, 10 платят, 11 пойти, 12 консультацию

Exercise 5 1 на неделю 2 на три часа 3 на два года 4 на несколько секунд 5 на время фестиваля 6 на этот период

Exercise 6 1 ещё раз 2 в пять лет 3 не раз 4 сколько раз 5 раз 6 ещё 7 разу не 8 двадцатый

Exercise 8 (a) 1-i, 2-ii, 3-ii, 4-i; (b) i 3-5-1-6-2-4, ii 4-2-1-3, iii 2-4-6-5-3-1, iv 2-4-1-5-3, v 4-1-3-2, vi 4-3-1-5-2; (c) 1 вышла 2 ушла 3 ушла 4 вышел 5 вышла 6 вышел 7 вышел 8 ушёл

Exercise 9 Человек я занятой, но упрямый. Зарплата у налоговиков высокая.

Exercise 10 1-iv, 2-vii, 3-vi, 4-ii, 5-i, 6-iii, 7-v

Exercise 11 Поди-ка собери его, этот налог! ('Well go and collect it, that tax.')

Exercise 12 1 Там, где у вас «Глас народа», есть фотография Валеры, грузчика. 2 7 сентября в два часа дня на Кузьминском кладбище в последний путь родные и близкие и фанатки проводили Игоря Сорина, экс-солиста группы «Иванушки International». 3 Биллу Гейтсу, главе корпорации «Майкрософт» — крупнейшего производителя операционных систем и приложений для персоналок, — не дают покоя лавры Александра Македонского.

Exercise 13 1 чтобы их тратить 2 чтобы продолжать учение в Главном инженерном училище 3 чтобы не перепутать 4 чтобы понять его идею 5 чтобы сделать хороший спектакль на большой сцене 6 чтобы приобрести машину и квартиру 7 чтобы деньги зарабатывать 8 чтобы отметить дни рождения, какие-то семейные успехи

Exercise 14   1 лучше, дороже 2 не выше 3 дороже 4 более терпимы 5 не менее значимы 6 лучшее, ниже 7 более слабым

Unit 10

Exercise 1   1-G, 2-E, 3-D, 4-A, 5-C, 6-H, 7-F, 8-B

Exercise 2   датский язык, досрочное освобождение, иностранные дела, исторические науки, карьерный дипломат, Киевский университет, литературный критик, Львовский облсовет, международная премия, народный депутат, общеевропейское сотрудничество, постоянный представитель, правозащитное движение, российский посол, самиздатовский журнал, тюремное заключение, хельсинкский союз

Exercise 3   баллотировался на пост президента, владеть английским языком, возглавить департамент, занял второе место, издавать журнал, наградить премией/орденом, напечатать книгу, окончить факультет журналистики, осудить на 3 года лишения свободы, работать журналистом, родиться 24 декабря 1937 г., уволить с работы

Exercise 4   1 правой рукой 2 вниманием 3 землёй, заводами и фабриками 4 квартиры 5 издательского дома 6 виллой, двумя белоснежными яхтами 7 тремя иностранными языками 8 большими природными ресурсами

Exercise 5   1 российским 2 год 3 году 4 посольстве 5 представитель 6 Европе 7 года 8 иностранных 9 датским

Exercise 6   1 за пьянку 2 по слабому здоровью, по ограниченности способностей 3 за участие 4 по какой-то причине 5 за революционную деятельность 6 из любопытства 7 за плохие оценки 8 по инициативе

Exercise 7   1 умер 2 родился 3 совершил 4 закончил 5 выпустил 6 опубликовал 7 начал 8 достиг 9 перелетел

Exercise 8   1-v, 2 -vii, 3-i, 4-vi, 5-ii, 6-viii, 7-iv, 8-iii

Exercise 9   (a) арестован, возвращён, вынужден, избран, исключён, коронован, награждён, основан, осуждён, привезён, переименован, подписан, приговорён, построен, расстрелян, сослан, сформулирован, уволен; (b) открыт, закрыт, забыт, одет, заперт, сшит

Exercise 10   1 вынужден 2 открыт 3 подписана, сформулирована 4 переименован 5 основан 6 арестован, расстрелян 7 коронована

Exercise 11   1 Достоевский 2 Алексей Петрович 3 Рылеев 4 Бакунин 5 Белинский 6 Бродский 7 Герцен 8 Растрелли

Exercise 12   1-vi, 2-v, 3-vii, 4-ii, 5-iii, 6-i, 7-iv, 8-viii

Exercise 13   1 что 2 почему 3 кто 4 как 5 зачем 6 чём 7 как 8 каким

Exercise 14   1 Употреблять новую деньгу начнут с 2002 года. 2 Анастасия Воронина родилась 13 декабря 1960 года в Ленинграде. 11 ноября 1989 года Анастасия Воронина официально выходит замуж за Франсишку Нельсона Кастену. 3 Художник Пётр Яковлевич Караченцов умер на прошлой неделе, был ему 91 год. Всю свою сознательную жизнь он отдавался творчеству ... Более двадцати лет Пётр Яковлевич был постоянным сотрудником «Огонька», в 50-е—70-е годы без его иллюстраций не выходил ни один номер журнала.

Exercise 15   Национальное телевидение — НТВ, Московские новости — МН, Соединённые Штаты Америки — США, Министерство иностранных дел — МИД, Союз Советских Социалистических Республик — СССР, Московский государственный институт международных отношений — МГИМО, Организация по безопасности и сотрудничеству в Европе — ОБСЕ, Независимая газета — НГ, электронная версия «Независимой газеты» — ЭВНГ, Организация Объединённых Наций — ООН, Всесоюзный государственный институт кинематографии — ВГИК

Unit 11

Exercise 1   главное управление, дежурная служба, материальный ущерб, Московские новости, пожарные расчёты, старая постройка, четвёртый этаж, пятибалльная шкала

Exercise 2   1 загорелся 2 ущерб 3 пустот 4 пробка 5 пробилась 6 здании 7 сообщение 8 ликвидировано

Exercise 3   8–6–1–7–5–3–4–2

Exercise 4   1 начался 2 вызвали 3 начали 4 использовали 5 удержала 6 пробирались 7 пострадал 8 находились 9 звонили

Exercise 5   For as long as Taliy could remember his father he would wake up at the same time, have two soft-boiled eggs and a glass of *smetana* for breakfast, leave for work at half past eight, in order to appear in work at ten to nine. He would come back at half past six, eat meat balls and vermicelli for dinner, drink tea and settle down with the paper in front of the television. He spent the weekend reading weighty Russian historical novels ...

Exercise 6   1 двух килограммов 2 83 тысячи человек 3 ста миллионов 4 пяти тысяч 5 15 миллионов долларов 6 около 300 тысяч 7 миллионов человек

Exercise 7   1 ещё 2 уже 3 уже 4 уже 5 уже 6 ещё 7 уже 8 уже

Exercise 8   1 находились 2 находился

Exercise 9   1-а, 2-б, 3-а, 4-в, 5-б, 6-б, 7-б, 8-а, 9-б, 10-в, 11-а

Exercise 10   See the text in Exercise 3

Exercise 11   1 из-за 2 от 3 от 4 из-за 5 от 6 из-за 7 от 8 от 9 из-за, из-за

Exercise 12   1 пользу 2 моральное удовлетворение 3 большую прибыль 4 зримых политических и экономических плодов 5 доход сто миллионов долларов 6 мира 7 свои результаты 8 сто, двести, тысячу процентов

Unit 12

Exercise 1   (a) 1-v, 2-vi, 3-vii, 4-ii, 5-i, 6-iii, 7-iv. (b) 1-iii, 2-i, 3-iv, 4-v, 5-vi, 6-ii

Exercise 2   3–6–4–7–1–2–5

Exercise 3   1 половины 2 половины 3 половины, половина, половине 4 половины 5 половиной 6 половине 7 половину 8 половину

Exercise 4   1-ii, 2-vi, 3-i, 4-v, 5-vii, 6-iii, 7-viii, 8-iv

Exercise 5   1 лечения 2 пребывания, изменения 3 выступления 4 голосования 5 падения 6 освобождения 7 окончания

Exercise 6   1 молитвы 2 импровизации 3 нуля 4 того 5 встречи

Exercise 7   1 времена 2 времени 3 времён 4 времени 5 время 6 временем 7 временем 8 время

Exercise 8   1 свободное 2 настоящее 3 последнее 4 своего 5 недавнего 6 какое-то 7 все 8 некоторое

Exercise 9   1 отправится 2 состоится 3 пройдёт 4 смогут, полетаете, побываете 5 поедут 6 съедутся, посетят

Exercise 10   1-v, 2-iii, 3-ix, 4-vi, 5-ii, 6-viii, 7-x, 8-vii, 9-iv, 10-i

Exercise 11   1 получит 2 состоится, недели 3 успехов 4 отправятся, новости 5 получат, найдёт, заработок 6 друзей, отправится, встречу 7 начале 8 придут 9 друзьями

Unit 13

Exercise 1   1-v, 2-iv, 3-i, 4-iii, 5-ii

Exercise 2   1 старенький 2 толстеть 3 зеленеть 4 старость 5 старый

Exercise 3   прекрасна, весел, бодр, забывчив, рассеян; прекрасная, весёлый, бодрый, забывчивый, рассеянный

Exercise 4   -стар-: 3, 5, 8, 9, 11 (старое), 12, 14 -сказ-: 2, 4, 10, 13 -молод-: 6, 7, 11 (молодёжи) -млад-: 1

Exercise 5   зеленеть, зелёный ('green') → зелен- + -еть → зеленеть ('to go green', 'to turn green', 'to show green'); толстеть, толстый ('fat') → толст- + -еть → толстеть ('to get fat', 'to get stout', 'to put on weight')

Exercise 6   1 краснеют, красный 2 молодеет, молодой 3 стареет, старый 4 холоднеть, холодный 5 краснеет, красный 6 чернеет, чёрный 7 худеть, худой 8 стареют, старый

Exercise 7   1 «Вечерняя Москва» 2 в древние времена 3 Дальний Восток 4 Министерсво внутренних дел 5 пятилетний план 6 в соседнем доме 7 поздний вечер 8 в последнем вагоне 9 ранее утро 10 человек среднего роста

Exercise 8   1-vii, 2-vi, 3-ii, 4-viii, 5-iii, 6-iv, 7-v, 8-i

Exercise 9   (a) малолюдный, кофейно-серый, тёмно-синий, бледно-синий, вечнозелёный, простодушный (b) малый, кофейный, тёмный, бледный, вечный, простой

Exercise 10 1 древнейшая история 2 крупнейший специалист 3 ближайшее метро 4 чистейший вздор 5 честнейший человек 6 интереснейший вопрос 7 величайший 8 богатейшая страна 9 высочайшие горы 10 в кратчайшие сроки

Exercise 11 1 самых популярных 2 крупнейших 3 самый мощный 4 богатейший, крупнейший 5 самых красивых 6 ближайшее 7 красивейших

Exercise 12 самые красивые, самых-самых, красивейших, старейших, красивейших

Exercise 13 1-iv (самым большим, самых разных), 2-viii (самая дорогая), 3-i (самый лучший), 4-ii (самая стильная), 5-vi (самое большое), 6-iii (самые большие), 7-v (самых заметных, самых скандальных), 8-vii (самые сокровенные)

Exercise 14 1-iv (крупнейших), 2-i (малейшего), 3-ii (славнейшей), 4-v (мельчайшее), 5-iii (нежнейшие, вреднейшая, любимейшее)

Exercise 15 1-ii (наибольшим), 2-i (наилучшего), 3-v (наименьший), 4-iii (наибольшего), 5-iv (наибольший)

Exercise 16 1-v (наиболее ярким), 2-i (наиболее интеллигентные), 3-vi (наиболее выдающийся), 4-ii (наиболее успешные), 5-iv (наиболее активных), 6-iii (наиболее поразительная)

Exercise 17 1 самый молодая 2 оперной 3 миланской 4 самые большие 5 чудесный 6 дебютный

Exercise 18 1 мне трудно 2 мне стало гордо 3 страшно 4 трудно 5 вольно 6 реально

Exercise 19 1 удобное, удобно 2 понятно, понятен 3 ясна, ясно 4 скучно, скучная 5 поздняя, поздно 6 жутко, жуткий 7 хорошее, хорошо 8 трудно, трудную

Unit 14

Exercise 1 (a) 1-vi, 2-viii, 3-i, 4-x, 5-ii, 6-iii, 7-iv, 8-v, 9-vii, 10-ix. (b) 1 перчатки 2 повседневной 3 съёмках 4 чиновник 5 порвались 6 развалился 7 незаменимых 8 уходящего века 9 калоши 10 залатали

Exercise 2 1-F, 2-F, 3-T, 4-T, 5-T, 6-F, 7-F, 8-F

Exercise 3 1 а 2 и 3 а 4 и 5 и ... и 6 а 7 и 8 и ... и 9 и ... и

Exercise 4 1-iii, 2-vi, 3-iv, 4-i, 5-v, 6-ii, 7-viii, 8-ix, 9-vii

Exercise 5 1 себе 2 себя 3 собой 4 себя 5 себя 6 собой 7 собой 8 себе 9 себя 10 собой 11 себя

Exercise 6 1 свою 2 своё 3 свою 4 своё 5 своими 6 своим 7 своему 8 своего

Exercise 7 1 своей 2 его 3 её, её 4 своего 5 её 6 свой 7 свой 8 её

Exercise 8 1 сам 2 самому 3 сама 4 самой 5 сами 6 самого 7 сам 8 самому 9 сами

Exercise 9   1-v (сам, сама) 2-vii (сам) 3-ii (сама) 4-i (самой) 5-iii (сам) 6-iv (само) 7-vi (сама)

Exercise 10   1-vi, 2-i, 3-viii, 4-ii, 5-vii, 6-iii, 7-iv, 8-v

Exercise 11   1 друг на друге 2 друг с другом 3 друг с другом 4 друг друга 5 друг друга 6 друг к другу 7 друг с другом 8 друг к другу

Exercise 12   1-iv (любые) 2-i (любые) 3-v (любых) 4-vi (любой) 5-ii (любом) 6-iii (любой, любом) 7-viii (любой) 8-vii (любая)

Exercise 13   1 в том же вузе 2 тому же 3 в такой же ситуации 4 такого же класса 5 таким же образом 6 В тот же день 7 то же самое

Exercise 14   1-iv (одно и то же) 2-i (в тех же самых, ту же) 3-vii (том же) 4-ii (то же время) 5-vi (то же самое) 6-iii (одном и том же) 7-v (такие же, теми же)

Unit 15

Exercise 1   1 Театра-студии 2 воинам-десантникам 3 социалистов-революционеров 4 спектакле-концерте 5 геев-полицейских 6 старушки-инвалиды 7 космонавта-исследователя 8 мэра-взяточника 9 старичком-пенсионером 10 врача-гинеколога

Exercise 2   (a) 1-viii, 2-i, 3-xii, 4-ii, 5-x, 6-iii, 7-ix, 8-iv, 9-xi, 10-v, 11-vii, 12-vi. (b) 1 кожаные куртки 2 высшее образование 3 секс-меньшинство 4 цитатами из Шекспира 5 полицейскую форму 6 сладких духов 7 садо-мазохисты 8 уборщики мусора 9 цветочными венками 10 были в восторге 11 геев и лесбианок 12 непринуждённо общаться

Exercise 3   1-F, 2-T, 3-F, 4-T, 5-T, 6-T, 7-T, 8-F

Exercise 4   (a) 1-vi, 2-vii, 3-ii, 4-i, 5-iv, 6-viii, 7-iii, 8-v (b) 1 смотря 2 молча 3 выписывая 4 стоя 5 торопясь 6 давая 7 держа 8 говоря

Exercise 5   (a) 1 наступила 2 стало 3 сказала 4 разведёмся 5 ответил 6 продолжал 7 спеша 8 ожидая 9 сказала. (b) спешить, спешат; ожидать, ожидают

Exercise 6   1 приезжая, вникая 2 обманывая 3 захлёбываясь, подчёркивая 4 читая 5 обещая, обещая 6 создавая 7 начиная

Exercise 7   1 в полицейской форме 2 в цветочных венках 3 в кожаных куртках 4 в шортах

Exercise 8   1 носит серое, некрасивое, ходит, джинсах, носит короткую юбку, толстая, полная, крашеные. 2 ходит, очках, носит, белую рубашку, среднего роста, него, чёрные, жирные, редкие, сигаретами, рта. 3 любит ходить, длинных, цветастых юбках, носит оранжевую майку, неё длинные, голубые, носит, кожаные сандалии, ней, бородатый

Exercise 9   1 мне, джинсовая, белых брюках, чёрных кроссовках, у меня чёрные. 2 мне, очках, синих джинсах, белом свитере, маленького роста. 3 нам, её, красной шерстяной шапке, кожаных ботинках, ней, длинная, пожилая. 4 мне, вас, коричневом пиджаке, красном галстуке, чёрных брюках, белая, очках. 5 ей, тебя, длинной красной юбке, чёрной кожаной куртке, белые, ей. 6 мне, его, майке, джинсах, чёрных полуботинках-кроссовках, чёрных очках, курит, его.

Unit 16

Exercise 1   1-v, 2-viii, 3-ii, 4-xi, 5-iii, 6-vii, 7-ix, 8-iv, 9-x, 10-i, 11-vi
Exercise 2   1-а, 2-г, 3-а, 4-в, 5-а, 6-а, 7-а, 8-г, 9-б, 10-г
Exercise 3   1-v (глаза) 2-vi (учителя, «Папики-профессора» 3-i (вечера) 4-vii (вечера) 5-ii (юнкера) 6-iv (поезда) 7-iii (глаза)
Exercise 4   1 больше 2 ниже 3 больше, чаще
Exercise 5   1-viii (меньше, меньше) 2-v (более нереально (нереальнее), смелее) 3-ii (чудней (чуднее), больше) 4-vi (меньше, спокойнее) 5-i (дальше, реже) 6-iii (ближе, чаще) 7-iv (дольше, больше) 8-vii (больше, больше)
Exercise 6   (a) 1 войдя 2 повесив 3 вернувшись 4 сев 5 попращавшись 6 посмотрев. (b) 1-iv, 2-v, 3-vi, 4-ii, 5-iii, 6-i
Exercise 7   1 услышав 2 сказав 3 эмигрировав 4 окончив 5 став 6 обратившись 7 прибежав 8 ощутив
Exercise 8   (a) 1 вставали 2 одевались и умывались 3 молились 4 собирались 5 пили 6 распределялся. (b) all imperfective
Exercise 9   1 терпеть 2 привёл 3 нравилась 4 одевалась
Exercise 10   1 родился 2 вызывало 3 считался 4 собирался 5 уехала 6 жили 7 получить
Exercise 11   1 вступили 2 отправились 3 назывался 4 играл 5 приказывала 6 вызывал

Unit 17

Exercise 1   1 nom. 2 gen. 3 inst. 4 nom. 5 gen. 6 dat. 7 gen.
Exercise 2   1 никто 2 ни с кем 3 ни о ком 4 никого 5 ничего 6 ни о чём 7 ничем 8 никому
Exercise 3   1 никого 2 никто 3 никого 4 ничего 5 никому 6 ни о ком 7 ничего (никто) 8 ни с кем 9 ничего 10 ничем
Exercise 4   1 никого 2 никто, ничего 3 никто 4 никому 5 никому 6 ни о чём
Exercise 5   1 нечего 2 не с кем 3 нечего 4 не к кому 5 нечего 6 нечему 7 не на кого 8 нечем
Exercise 6   1 никому 2 нечего 3 некому 4 нечем 5 не с кем 6 ни от кого 7 не от кого 8 ни с кем
Exercise 7   1 никогда 2 некогда 3 негде 4 некуда 5 никуда 6 некуда 7 никогда 8 негде 9 никуда 10 нигде
Exercise 8   1 нигде 2 нечего, ничего 3 некогда 4 ни с кем 5 некогда 6 ни у кого 7 некогда 8 никого 9 никогда

Exercise 9 1 вмещает 2 посетителей 3 множество 4 разнобразных 5 выходные 6 развлекатекльный 7 танцпола 8 ди-джей 9 вечеринку

Exercise 10 1 разошлись: расходиться/разойтись. 2 разнёс: разносить/разнести. 3 разобрать: расбирать/разобрать. 4 развелись: разводиться/развестись. 5 различать: различать/различить

Exercise 11 1-а, 2-б, 3-б, 4-а, 5-б, 6-б

Exercise 12 1 двух 2 семидесятых-восьмидесятых (годов), восемь 3 пятнадцать

Exercise 13 1-v (двух, одной) 2-i (одно) 3-vii (тридцать шесть тысяч) 4-ii (один) 5-iii (шести миллионов) 6-viii (один, двух) 7-vi (пятьдесят пять, девятисот) 8-iv (трёх)

Exercise 14 1-v (тридцать один год) 2-viii (ста миллионов рублей) 3-vi (двух креслах, пять человек) 4-i (трёх книг, одной, двадцати театрах) 5-iii (четырёх языках) 6-ii (шести лет) 7-iv (десяти минутах) 8-vii (пятистах метрах)

Exercise 15 1 ди-джея 2 ди-джей 3 ди-джея 4 ди-джеев 5 ди-джеем 6 ди-джея

Unit 18

Exercise 1 (a) 1-v (читающая) 2-vii (желающие) 3-iv (живущей) 4-ii (работающих) 5-i (сдающие (сегодня)) 6-vi (желающим) 7-iii (живущей)

Exercise 2 1-i (остановившемуся), 2-iii (певший), 3-iv (мечтавшая (с детства)), 4-ii (написавшим), 5-v (вёзший)

Exercise 3 1 просуществовавший 2 совершивший 3 достигшими 4 трудившийся 5 бродившими

Exercise 4 1 нуждаются 2 бушует 3 состоит 4 весит 5 руководил 6 произошёл

Exercise 5 1 состоящую 2 весящую 3 нуждающимся 4 происшедшего 5 бушевавших 6 руководивший

Exercise 6 Разразившийся в августе финансовый кризис, парализовавший экономику, отодвинул ещё дальше в будущее интеграционные замыслы. Меняют ли что-то в сложившейся ситуации визиты российского президента в Узбекистан и Казахстан? И да, и нет . . .

Exercise 7 «Интеллигент — это человек, независимо мыслящий, жаждущий знаний, бескорыстно служащий общественному добру, не приемлющий насилия, признающий гуманные средства достижения цели, уважающий личность, склонный к сомнению в собственной правоте, не стремящийся к власти.»

Exercise 8 1 ведущим 2 учащихся 3 трудящиеся 4 начинающие 5 курящих 6 непьющих 7 служащим

Exercise 9 1 ведущий 2 далеко идущие 3 подходящий 4 следующий 5 блестящие 6 текущими 7 выдающийся 8 вызывающее

INDEX

Numbers after the index entry refer to the Unit in which the entry is found.